LA POLITIQUE ET LA MÉTHODE

PAUL CLOAREC

PROFESSEUR A L'ÉCOLE LIBRE DES SCIENCES POLITIQUES
ET AU COLLÈGE LIBRE DES SCIENCES SOCIALES

LA POLITIQUE

ET

LA MÉTHODE

LIBRAIRIE FÉLIX ALCAN

LIBRAIRIE FÉLIX ALCAN

ANDRÉ (L.), professeur au Lycée Louis-le-Grand. — **Les États chrétiens des Balkans.** *Histoire politique intérieure.* 1 volume in-16. . . . . 4 fr. 90

AUERBACH (B.), professeur à l'Université de Nancy. — **Les races et les nationalités en Autriche-Hongrie.** 1 vol. in-8, 2ᵉ éd. revue. Avec une carte en couleurs hors texte. . . . . 12 fr.

AULNEAU (J.). — **La Turquie et la guerre.** Avec préface de M. Stephen Pichon, ministre des Affaires étrangères. 2ᵉ edition. 1 vol. in-16. (*Récompensé par l'Institut*). . . . . 4 fr. 90

L'avenir de la France, *réformes nécessaires*, par divers. Avant-propos par Maurice Herbette. 1 vol. in-8. . . . . 12 fr.

COSENTINI (F.), prof. à l'Université de Turin. — **Préliminaires à la Société des Nations.** Pref. de M. Yves Guyot. 1 vol. in-16. 4 fr. 90

DRIAULT (E.), agrégé d'histoire. — **La question d'Orient depuis ses origines jusqu'à nos jours (1917).** 7ᵉ edition. Preface de G. Monod, de l'Institut. 1 vol. in-8. (*Récompensé par l'Institut*). . . . 8 fr. 40

— **L'unité française.** Préface de M. H. Welschinger, de l'Institut. 1 vol. in-16. . . . . 4 . 90

— **Les traditions politiques de la France et les conditions de la paix.** 1 vol. in-16. . . ; . . . . 4 fr. 90

HAUSER, (Henri), professeur à l'Université de Dijon. — **Le principe des nationalités.** 1 broch. in-8 . . . . 0 fr. 70

LANESSAN (J.-L. de), ancien ministre. — **Histoire de l'Entente cordiale franco-anglaise.** *Les relations de la France et de l'Angleterre depuis le XVIᵉ siècle jusqu'à nos jours.* 1 vol. in-16. . . . . . 4 fr. 90

LEVY-BRUHL, de l'Institut, professeur a la Sorbonne. — **La conflagration européenne.** *Les causes économiques et politiques.* 1 brochure in-8 . . . . 0 fr. 70

PAUL LOUIS. — **L'Europe nouvelle.** 1 broch. in-8 . . . . . . 1 fr. 50

— **La guerre d'Orient et la crise européenne.** 1 broch. in-8. . . 1 fr. 50

— **Les crises intérieures de l'Allemagne pendant la guerre.** 1 broch. in-8. . . . . 1 fr. 50

— **Trois péripéties de la guerre mondiale.** 1 vol. in-8. . . . 1 fr. 50

RONZE. — **La question d'Afrique.** Preface d'Ed. Driault. 1 volume in-8. . . . . 8 fr. 40

SOCIÉTÉ DE GÉOGRAPHIE (Conférences de la). — **Les appétits allemands.**

I. — *Les ambitions de l'Allemagne en Europe.* Préface de M. Paul Deschanel, de l'Acad. française. 1 vol. in-16. . . . 4 fr. 90

II. — *Les rêves d'hégémonie mondiale.* 1 vol. in-16. . . 4 fr. 90

STEIN (H.), conservateur aux Archives nationales. — **Notre frontière de l'Est.** *La France et l'Allemagne à travers l'Histoire et les origines du Pangermanisme.* 1 broch. in-8 . . . . 1 fr. 50

TREGUIZ. — **L'Irlande dans la crise universelle** (*3 août 1914-24 juillet 1917*). 1 vol. in-8. 7 fr. 20

YVES-GUYOT. — **Les causes et les conséquences de la guerre.** 1 vol. in-8. 2ᵉ édition. . . . . 4 fr. 90

— **Les garanties de la paix.** 2 vol. in-16. 9 fr. On vend séparément :
Première partie : *Les leçons du passé.* 1 vol. in-16. . . . . 4 fr. 90
Deuxième partie : *Examen critique.* 1 vol. in-16. . . . . . . 4 fr. 90

483 19. — Coulommiers. Imp. Paul BRODARD — 10 19

PAUL CLOAREC

PROFESSEUR A L'ÉCOLE LIBRE DES SCIENCES POLITIQUES
ET AU COLLÈGE LIBRE DES SCIENCES SOCIALES

LA POLITIQUE

ET

LA MÉTHODE

PREMIERS PRINCIPES.
LES IDÉES GÉNÉRALES. — LE GOUVERNEMENT.
LE RÉGIONALISME ET LA DÉCENTRALISATION.
ÉCONOMISME ET SOCIALISME. — LA SOCIÉTÉ DES NATIONS.

PARIS
LIBRAIRIE FÉLIX ALCAN
108, BOULEVARD SAINT-GERMAIN, 108

1920

INTRODUCTION

Il est aujourd'hui peu de Français qui ne reconnaissent pas la nécessité de réviser les bases de notre
organisation générale, mais dès qu'ils essaient de
préciser les réformes à accomplir, ils s'aperçoivent
que leur accord cesse, chacun se retranchant derrière
ses opinions. Il semble donc utile de rechercher si le
dernier mot de notre sagesse doit consister à défendre
avec passion nos « opinions », et s'il n'existe pas
quelques idées fondamentales sur lesquelles l'accord
quasi-unanime pourrait se faire, idées qui constitue-
raient alors une base sur laquelle nous pourrions
élever un robuste édifice. De telles idées ne peuvent
exister que si nous leur trouvons à elles-mêmes une
fondation solide, ce qui ne peut se faire que par la
science à la condition que nous puissions introduire
l'idée de science dans la politique.

La politique résume la conduite de nos affaires

nationales et extérieures, elle domine toute notre existence ; des solutions qu'elle adopte dépendent notre liberté ou notre esclavage, la paix ou la guerre, la richesse ou la ruine, la réussite de nos entreprises, la satisfaction de nos besoins intellectuels et moraux, le sort de nos enfants. On ne peut donc que condamner le snobisme ou l'indifférence de ceux qui agissent comme si tout cela leur était étranger. Leur seule excuse est dans l'incohérence des « opinions », soutenues de part et d'autre avec une égale passion, et dans le sentiment confus que la doctrine sur laquelle on pourra s'entendre sans se disputer reste à formuler.

Ce serait, d'ailleurs, une erreur de croire que l'arrêt de la vie publique marquerait un progrès dans le développement du pays ; jamais en Grèce les orages de l'*agora* ne furent plus violents qu'au moment de la plus grande splendeur d'Athènes. Le désintéressement général à l'égard de la vie publique serait le signal de la mort de notre pays ; il est évident, en effet, que le pouvoir tomberait aux mains des intrigants les plus dénués de scrupules ; c'est à nous mener vers ce résultat que travaillent, sans s'en rendre compte, les hommes qui veulent systématiquement ignorer la politique.

Il ne semble pas que nous soyons menacés de la stagnation, car la trêve imposée aux partis par la guerre ne lui survivra pas longtemps. L'union sacrée n'a pas empêché certains groupes politiques de poursuivre la réalisation de leurs conceptions, et nous sentons tous qu'ils n'attendent que le moment d'accentuer leur action. Peut-être avons-nous seulement le droit de désirer que le souvenir du sang versé en commun, des souffrances partagées, des secours fraternels atténueront, au moins au début, l'âpreté des controverses.

L'idée que la politique puisse être basée sur la science a soulevé les railleries de quelques contemporains, elle a cependant séduit des esprits tels que Aristote, Montesquieu, Auguste Comte. « Il n'y a « de science, disent ces contradicteurs, que lorsqu'on « peut établir les conséquences certaines d'un fait « déterminé ou de l'énoncé d'un théorème ; il « existe des sciences sur lesquelles on peut s'appuyer « en politique, mais la politique n'est pas une science « c'est un art. »

Auguste Comte a déjà excellemment répondu en établissant sa hiérarchie des sciences et en montrant que la sociologie, prise dans son acception la plus générale, ne pouvait se constituer qu'après les autres sciences ; il a expliqué pourquoi la certitude ne pouvait y être du même ordre que dans les autres sciences.

Les premières en date sont celles qui étudient les lois astronomiques ou les formes géométriques. Pour ces sciences-là, la conclusion découle obligatoirement des prémisses parce qu'il s'agit de simples constatations sans aucune intervention de notre volonté. Nous ne pouvons rien faire pour changer la surface d'un carré dont le côté est donné ou pour retarder, fut-ce d'une fraction de seconde, l'époque d'une éclipse.

Le second degré comprend les sciences physico-chimiques. Si celles-ci touchent par certains côtés à la géométrie et aux lois de la gravitation, elles comportent une certaine intervention de notre volonté : nous pouvons changer à notre guise les conditions de production d'un courant électrique ou, plus encore, les réactions d'une expérience de chimie.

Avec le troisième degré intervient la vie. Il existe des rapports certains entre la chimie et la biologie, mais dans chaque cas biologique intervient, de plus, un facteur personnel ; aussi ne peut-on plus y affirmer la conséquence certaine d'un énoncé. Un médecin, par exemple, ne peut certifier qu'un médicament donné produira un effet précis : il est certainement conforme à la science de dire que l'opium fait dormir, et cependant il est des cas où il ne produira pas ce résultat ; ici intervient l'art médical. Pendant de longs siècles, la médecine n'a été qu'un art, elle devient de plus en plus une science sans que nous puissions prévoir, cependant, que jamais elle nous donnera une certitude comparable à celle des mathématiques.

La sociologie est en haut de l'échelle ; elle comporte non plus seulement des réactions de cellules vivantes, mais des réactions d'êtres vivants ; elle concluera donc avec moins de certitude encore que la biologie ; elle n'en sera pas moins une science à côté de laquelle l'art conservera toujours une part,

; ais une part que nous pourrons réduire progressi-
ment.

Nous savons donc que notre science ne sera pas
complète et qu'elle présentera des lacunes, mais ce
sera beaucoup que d'avoir fait admettre par tous la
réalité de cette science. Le nombre de ses principes
s'augmentera peu à peu ; d'ores et déjà il semble
que nous pouvons en établir assez pour créer un
guide digne de confiance.

Cette recherche est-elle utile ? J'ai déjà montré
l'erreur des indifférents, mais il existe, de plus, à
l'heure présente, nombre d'hommes bien intentionnés
qui nous conjurent de laisser là la politique et de
nous occuper uniquement de questions économiques ;
à leurs yeux la politique ne comporte qu'une série
de discussions oiseuses, sinon dissolvantes. Cette
opinion repose sur la méconnaissance même de
l'existence d'une science dans ce domaine ; mais il
ne suffit pas de nier la réalité pour que celle-ci ne
nous domine pas ; nous aurions beau vouloir ignorer
la pesanteur, ou l'hygiène, ces sciences se rappel-
leraient, peut-être brutalement, à notre mémoire.
Il en est de même en politique. Comment un pays
pourrait-il vivre ou produire sans qu'interviennent
les lois de protection ou de libre-échange, les questions de salaires, le rôle de l'Etat vis-à-vis du Travail, l'éducation professionnelle, la liberté d'opinion
et tant d'autres choses qui règlent notre sort matériel
et moral ? Comment agir si nous ne savons pas où
nous allons? Tout cela, c'est de la politique. Vouloir

1.

qu'un pays vive en négligeant tout cela, en laissant les choses aller à leur guise, c'est courir au désordre intellectuel ; or, comme le dit avec raison Auguste Comte, on ne peut concilier l'ordre matériel avec l'anarchie intellectuelle et morale.

Si notre société ne repose pas sur des fondations, nous ne pourrons construire ; refuser d'examiner nos fondations actuelles, c'est bâtir au hasard et, comme l'expérience nous a montré que ces fondations n'étaient pas sans défauts, c'est bâtir systématiquement un édifice précaire. Loin de nous faire perdre notre temps, la création d'une base scientifique pour la politique peut seule nous faire aboutir à une organisation viable.

Quand on étudie les travaux des hommes qui ont déjà voulu établir la science de la politique, on est frappé de leurs efforts vers l'expression de formules. S'ils prennent des exemples, c'est pour en déduire un principe abstrait qui pourra servir ensuite à poser une règle. Cette méthode est celle des sciences mathématiques et physiques, je ne veux pas en contester la valeur ; mais elle est ici absolument insuffisante, et j'estime que c'est à son emploi exclusif que nous devons le peu d'avancement de la science politique. Celle-ci étant essentiellement dépendante des hommes auxquels elle s'applique, doit tenir le plus grand compte de la personnalité de ces hommes ; elle ne peut, par suite, comporter de formules dogmatiques et l'on peut dire que la Science politique est variable suivant les temps et les lieux ; elle repose sur l'histoire autant que sur la psychologie et sur l'étude des lois naturelles.

Le but à poursuivre n'est pas l'établissement d'une théorie applicable à des hommes imaginaires, il n'est pas d'établir, par exemple, les avantages ou les inconvénients de la monarchie, de l'aristocratie ou de la démocratie ; il est de déterminer ce qui, sur ce point, convient à la France du xxe siècle, avec son tempérament, avec ses conceptions héritées ou acquises, avec sa position géographique, avec tout ce qui de son passé pèse encore sur le présent.

Cette détermination repose sur des réalités et non sur des abstractions ; elle doit être positive, mais elle doit partir d'une conception d'ensemble sous peine de n'être pas coordonnée.

Le plan de cet ouvrage comporte donc d'abord l'établissement de principes, puis l'exposé d'applications qui, sans être universelles, permettront de juger la valeur de la doctrine ; j'ai choisi ces applications dans les sujets d'actualité les plus naturellement indiqués à tous points de vue ; il sera facile au lecteur qui se sera assimilé la méthode d'étendre l'étude à tous les points dignes d'intérêt.

CHAPITRE PREMIER

PREMIERS PRINCIPES

LA RELATIVITÉ. — Toute science repose sur la mesure : on ne peut étudier la chaleur sans thermo-mètre, la biologie sans une classification. Ici notre instrument principal est notre raison. Or nous savons tous que les plus grands esprits ont émis les appréciations les plus opposées sur les questions les plus essentielles ; il n'y a donc pas seulement entre nos raisons une différence de quantité, mais encore une différence de qualité, de sorte qu'on ne peut pas dire avec Descartes « qu'il n'est qu'une vérité en toutes « choses et que quiconque la trouve en sait autant « qu'on peut savoir sur ce point » ; on doit dire, au contraire, qu'il n'existe pas, en politique, de vérité absolue, mais seulement des vérités relatives ; de là découle encore que les erreurs humaines ne sont pas dues à des principes faux, comme le dit Pascal, mais à ce que les hommes veulent tirer des conséquences absolues de principes qui leur ont paru justes, tandis qu'en réalité, il n'est pas un principe, une idée qui ne devienne absurde dès lors qu'on en veut tirer les conséquences extrêmes. Cette notion de relativité était trop loin de la mentalité théologique de l'ancienne France pour être aperçue ; aujourd'hui nous l'assimilons plus aisément : non seulement nous l'appliquons dans le domaine des sciences sociologiques, mais des hommes comme Poincaré vont jusqu'à démontrer que les sciences mathématiques elles-mêmes n'offrent pas le caractère absolu qu'on leur prête.

Ainsi s'établit, dès le début, une loi fondamentale que nous allons trouver sans cesse sous nos pas, que nous appliquons d'ailleurs journellement, mais que beaucoup d'hommes hésitent à reconnaître tant est profonde l'impression de l'absolu développée par notre éducation théologique.

Certains esprits sont déconcertés par cette affirmation et se laissent alors aller à la négation générale sans s'apercevoir qu'ils retombent dans la même erreur de l'absolu. Un esprit absolu pousse à l'extrême une doctrine qui le séduit, il se heurte à l'absurde et adopte alors la doctrine contraire qui le mène à une autre absurdité ; il reste désemparé tant que la notion lumineuse de la relativité n'éclaire pas sa route.

La notion de la relativité ne se traduit pas du tout par une cote mal taillée qui ne fait trop crier ni les

hommes d'une opinion ni ceux de l'opinion opposée,
elle comporte une solution précise qui, pour n'être
pas immuable, n'en est pas moins déterminée par
l'obligation d'être la plus convenable pour le temps
et le lieu considérés. Si parfaite qu'on estime une
solution en elle-même, cette solution est pratiquement mauvaise si elle heurte les hommes
auxquels elle s'applique, ou si elle est trop en avance
ou en retard sur les mœurs. Loin de créer l'indécision,
la notion bien comprise de la relativité peut seule
donner une base solide à la volonté ; nous ne voyons
que trop chaque jour combien sa méconnaissance
produit cette impuissance à aboutir qui est l'une des
caractéristiques de notre époque.

Il fut un temps où la foi créait la certitude nécessaire, mais elle demeure aujourd'hui sans force dans
un pays où les croyances sont si diverses, ou même
si généralement affaiblies ; nous ne pouvons plus
concevoir un gouvernement basé sur une foi, et l'évolution du monde entier nous pousse vers la séparation de la religion et de la politique. De grands
savants, tels que Pasteur, ont pu trouver le moyen
de concilier dans leur esprit la foi et le positivisme
scientifique ; c'est la preuve que cette conciliation est
possible et que tous les Français peuvent y parvenir.
Il leur faudra quelque volonté, car l'Eglise ne renon-
cera pas volontiers à son espoir de faire revivre sa
domination politique : elle s'y résignera seulement lorsque le mouvement qui se développe à
l'heure présente aura gagné tous les catholiques à

cette séparation. Au cours de la guerre, l'immense majorité des catholiques français a bien senti l'obligation de ne pas suivre la papauté sur le terrain politique, un grand pas a donc été fait et on peut croire que bientôt tous seront ralliés à cette conception qui laisse intactes leurs croyances et qui apparaîtra à tous comme la solution positivement nécessaire ; désormais les religions ne peuvent que gagner à se renfermer dans le domaine de la conscience.

Il existe bien, en dehors des religions, des fois strictement politiques, mais le progrès de la critique et l'expérience de chaque jour en limitent l'étendue ; reposant sur une notion purement terrestre, ces fois ne résistent pas longtemps aux schismes inévitables. La politique étant faite pour tous les citoyens d'un pays ne peut reposer sur aucune de ces fois éphémères.

La tolérance. — Aussitôt admise la relativité, un autre principe qui en découle apparaît en pleine lumière, celui de la tolérance. Celle-ci n'est donc pas une simple vertu, mais une vérité scientifique nettement établie.

L'assentiment que donne notre conscience à cette déduction n'a sans doute pas une valeur sans réplique, il n'en constitue pas moins une vérification qui nous rassure sur le point de départ, de même que la vérification de la solution d'un problème nous rassure sur les théorèmes qui ont servi à y parvenir. Nous avons, en effet, dans notre conscience un juge dont nous ne pouvons récuser l'autorité : assurément cette conscience est loin d'être uniforme chez tous les hommes, même chez ceux d'un même pays ; mais dans l'ensemble elle risque peu de nous égarer fortement.

La moralité. — Je ne crois donc pas trop m'avancer en affirmant que le principe de la moralité vient s'ajouter à ceux qui s'imposent dès le début. Non seulement une conclusion qui ne serait pas morale doit nous paraître suspecte, mais encore elle n'a aucune chance de s'imposer à la quasi unanimité des esprits, c'est-à-dire de devenir une vérité pratique. Le domaine matériel ou positif n'est que le reflet du domaine moral et rien ne saurait être vrai dans le premier domaine qui soit faux dans le second.

Qu'est au fond la morale ? Le respect de la personnalité humaine, respect de soi-même et respect d'autrui, ce qui n'est qu'une seule et même chose, car se respecter soi-même c'est vouloir être respecté par autrui et c'est respecter son semblable ; l'homme qui ne respecte pas son voisin ne saurait respecter la collectivité des hommes. On peut donc affirmer que nous devons exiger que l'homme qui accepte de diriger la chose publique soit moral, si nous voulons être respectés, et nous ne saurions scientifiquement admettre cette affirmation que la vie privée de l'homme est indifférente. Il ne s'agit naturellement pas d'une vaine hypocrisie de vertu, mais d'une moralité profonde sur le sens de laquelle tous les hommes sont d'accord.

Le bon sens public comprend cette vérité sans

l'avouer, car il discrédite l'opinion lorsque le porte paroles est discrédité. C'est aller trop loin ; mais si les partis avaient le sens de la réalité politique, ils expulseraient tous les hommes dont la moralité serait douteuse ; nous n'avons eu que trop d'exemples de la vérité pratique de ce précepte.

Il peut sembler, à un certain moment, qu'une doctrine immorale va triompher en politique pour peu qu'elle flatte les passions ; l'expérience nous montre que ce triomphe est éphémère et que la morale reprend toujours le dessus : les religions sont traitées de même, elles ne durent qu'autant qu'elles expriment la morale.

La morale est donc une base essentielle et nous devons habituer l'enfant à y avoir constamment recours ; une fois l'habitude prise, l'appel à la conscience se fera de lui-même dans toutes les circonstances de la vie.

Il semble que l'unanimité pourrait se faire sur une telle conception, car elle n'empêche aucune église d'affirmer que cette conscience vient de Dieu, et d'y ajouter les préceptes religieux qui constituent sa personnalité propre.

La réunion de l'idée de relativité à celle de la morale nous fait apprécier la valeur des efforts que nous faisons vers le mieux ; nous y puisons le sentiment profond de l'utilité de nos efforts, si bornés qu'en apparaissent les résultats puisque, d'une part, la morale les justifie et que, d'autre part, la relativité nous fait comprendre que nous ne pouvons atteindre qu'une amélioration, et non la perfection ; nous y trouvons aussi les stimulants de l'énergie et de l'action qui reposent sur la confiance dans l'avenir et en nous-mêmes.

Du même coup, nous découvrons l'inanité des solutions miraculeuses, la chimère des constructions sociales rigides comme des théorèmes de géométrie qui doivent, dans l'imagination de leurs inventeurs, nous mener à l'Eldorado ; nous apercevons le sens de l'évolution qui nous rattache au passé et à l'avenir et qui constitue ce qu'on appelle la tradition.

LA TRADITION. — Il n'est pas de mot dont on ait plus abusé en politique. La tradition est essentiellement la notion de la continuité des efforts d'une même race ou d'un même pays. Ce serait vraiment donner bien peu de valeur à ces efforts que d'admettre qu'ils se sont dépensés en vain et doivent aboutir à la stagnation ; c'est cependant à cela que conclut l'esprit théocratique ou absolu en faisant de la tradition une admiration irraisonnée du passé. Le fait qu'une génération a pensé d'une certaine manière n'implique nullement que cette manière de penser nous convienne, la science et la réflexion nous montrent qu'au contraire ce fait constitue une raison majeure pour qu'elle ne nous convienne pas, de même qu'un vêtement qui a bien habillé un enfant ne peut pas bien habiller l'adulte. Vouloir retourner à une conception périmée, c'est simplement être rétrograde, c'est vouloir forcer un fleuve à remonter son cours.

La tradition d'un pays est une chose très complexe, non seulement parce que son passé fut changeant à travers les âges, mais encore parce que ce pays est peuplé de races différentes, d'hommes de diverses classes. En France, par exemple, nous avons les traditions des Gaulois, des Romains et des Francs, celles des provinces et celles de la royauté, celles des ruraux, des bourgeois, des nobles, celles du clergé et celles des philosophes... La conception immobiliste peut choisir à son gré celle qui lui convient ; seule la conception de l'évolution peut unir les Français de notre temps dans le sentiment que, venus de points différents de l'horizon, ils sont aujourd'hui arrivés à une route commune qu'ils doivent désormais suivre d'un pas égal sans avoir à rien renier de leur passé.

On voit par quel lien étroit la tradition se relie à l'histoire, mais on voit aussi quelle histoire doit être enseignée pour réaliser l'union, c'est celle qui met en lumière l'évolution de toutes les fractions du pays. On n'enseigne dans nos écoles que l'histoire des rois et des gentilshommes, alors que dans les veines de la plupart des écoliers coule le sang de ceux qui ont fait les communes, affranchi la glèbe. Certes, ces écoliers ne se désintéressent pas de la gloire des siècles passés, mais ils ne sentent pas assez que c'est leur histoire qu'on leur raconte. Comment un provençal ou un breton se passionneraient-ils pour l'histoire des rois de l'Ile-de-France dans laquelle leurs ancêtres à eux sont comme ignorés ; commen'

un fils de paysan considérera-t-il comme sienne
l'histoire des querelles des Seigneurs ?

Certains esprits ont craint que l'enseignement de
l'histoire complète n'aboutisse à la haine sociale, à la
dissociation nationale ; il apparaît que, bien au contraire, il ferait comprendre à chacun comment il se
trouve dans la grande famille française. Poursuivi
dans un grand esprit de solidarité nationale, il mettrait
en lumière les raisons des organisations anciennes,
et par là il rattacherait tous les Français à leurs institutions actuelles ; en leur montrant la route déjà
parcourue, il leur indiquerait la direction à prendre.

Il est essentiel de dissiper l'équivoque qui plane
sur notre histoire. Toute une école moderne a pré-
tendu condamner l'histoire du peuple, représenter
comme une aberration son magnifique effort à
travers les siècles vers la reconstitution de la liberté.
Le résultat d'un pareil contre-sens est de démora-
liser le peuple en lui enlevant sa croyance en lui-
même et de contribuer fortement à le lancer dans les
utopies où se dirigent naturellement les esprits ayant
perdu le sens de la route à suivre, le sens de leur
tradition. Notre enseignement doit montrer le passé
tel qu'il fut, avec ses hommes et ses fautes afin que
de ce tableau sorte une grande leçon de tolérance,
mais aussi avec ses beautés et ses vertus afin qu'il
inspire à tous l'amour fraternel que viendra renforcer le souvenir du sang répandu en commun à
travers les siècles comme dans les tranchées de la
grande guerre.

Loin de chercher à déshonorer certains de nos ancêtres en lançant contre eux des accusations qui peuvent être retournées contre les accusateurs, expliquons les titres de tous à notre vénération et montrons à nos enfants que notre histoire est la plus belle du monde. Faisons leur comprendre que ces déchirements furent les conditions de l'évolution qui nous a menés à l'égalité actuelle, qu'ils s'expliquent par la barbarie générale des temps et que la science politique peut en éviter le retour, que la persistance des opinions empiriques nous ménage, au contraire, des souffrances certaines.

Tout progrès exige une démolition et une reconstruction. Si la démolition va trop vite, les habitants restent exposés aux intempéries ; elle doit se modérer d'après la reconstruction ; mais si l'architecte s'acharne à étayer sans cesse le vieil édifice sans le reprendre à nouveau, un jour vient où la maison s'effondre et, en attendant ce jour, les habitants sont sans cesse mal à l'aise. Les hauts et les bas de notre histoire marquent les périodes d'accord et de désaccord dans les marches parallèles de notre politique et du progrès général humain, les grands bouleversements sont l'effet d'erreurs prolongées.

La compréhension de l'histoire éclairera, d'autre part, le caractère national et variable de la science politique ; nos concitoyens perdront le goût de copier une solution sous prétexte qu'elle a réussi à l'étranger, ils ne verront dans cette solution qu'une indication utile et penseront que le fait même de la

parfaite réussite implique l'adaptation parfaite au
pays étranger, donc la probabilité que la solution
ne peut convenir telle quelle chez nous, ou même
qu'elle ne nous convient pas du tout.

L'HARMONIE. — Dans cette étude de l'histoire nous
puiserons encore la preuve que nulle solution n'a de
valeur absolue, que chacune doit s'accorder avec
l'ensemble des solutions adoptées pour les problèmes
voisins, nous prendrons le sens de l'harmonie nécessaire puisque nous assisterons à la réaction des solutions les unes sur les autres. Deux notes de musique
isolées peuvent charmer l'oreille, elles la blessent si
leur ensemble constitue un accord faux ; de même
deux idées qui paraissent justes séparément, sont
fausses si on les rapproche l'une de l'autre. Cette
notion apparaîtra à quelques-uns comme un truisme,
mais l'expérience nous montre que bien des hommes
s'en soucient peu dans la pratique politique.

La notion de l'harmonie a de profondes conséquences, car nous en déduirons la nécessité de
réformes créant cette harmonie dans nos méthodes
de travail, dans nos organisations gouvernementales
et administratives.

LA NÉCESSITÉ DES DÉFINITIONS. — Parmi les bases
essentielles de notre science, nous devrons men-
tionner encore la nécessité de définir les mots sur
lesquels nous discutons. Il est d'expérience courante
de voir des interlocuteurs discuter sur un mot qu'ils
prennent pour une idée, en y attachant des sens
absolument différents. Cela ne doit pas nous étonner

puisque nous voyons des procès s'élever sur l'interprétation de termes d'un contrat pourtant soigneusement pesés.

Cette notion nous écartera des formules ou des symboles par lesquels les partis prétendent résumer une politique ou une pensée profonde. Elle nous convaincra encore que, tant qu'elle reste à l'état de formule, une conception politique n'existe pas scientifiquement parlant; nous ne devons la prendre en considération que lorsqu'elle a été traduite par un texte de loi ou de règlement, jusque-là elle n'est qu'une spéculation de notre imagination dans laquelle chacun voit ce qu'il veut : Les exemples abondent, dans notre politique contemporaine, de groupements ou de ligues qui se sont formées pour soutenir une formule qui cachait, en réalité, des conceptions non seulement divergentes, mais opposées. C'est l'un des pièges les plus dangereux de l'esprit théologique et nous ne saurions trop nous mettre en garde contre la tendance à nous payer de mots.

Il n'est pas rare non plus que, dans l'état actuel des choses, cette facilité à adopter les formules amène dans les raisonnements d'hommes même instruits des déviations qu'ils n'accepteraient jamais dans un domaine autre que celui de la politique. Après avoir critiqué un état de choses existant, des hommes politiques, et même des écrivains qui auraient dû peser leur pensée dans le silence du cabinet, proposent un remède qui ne pare en rien au défaut signalé, et qui même, quelquefois, l'accentue. Au cours de cet ouvrage j'en montrerai de nombreux exemples typiques ; l'absence d'une science acceptée, de méthodes précises ouvre pleine carrière à l'empirisme ; on substitue une abstraction à une autre abstraction sans se préoccuper de la déduction naturelle, ni de l'ambiance ; on attribue, par simple arbitraire, une vertu souveraine au produit de son imagination. Il est essentiel, ici comme en toute science, de fermer la porte à l'empirisme et de ne pas confondre des « opinions » avec des vérités scientifiques.

CHAPITRE II

LES IDÉES GÉNÉRALES

Sur les premiers principes que je viens d'établir,
il devient déjà possible de s'appuyer pour l'examen
d'idées d'un caractère quelque peu général. Chemin
faisant, quelques notions nouvelles ressortiront,
quelques définitions pourront se préciser, et nous
nous préparerons ainsi à l'examen des problèmes d'actualité.

La politique moderne doit avoir pour but le bien
de tous et, si cela n'est pas possible, le bien du plus
grand nombre ; ceci la différencie profondément de la
politique telle que la concevait Machiavel dont le but
était la domination de la masse par habileté ou par
ruse. Au point de vue scientifique, la conception de
Machiavel n'est nullement condamnable dès lors
qu'on la situe dans le temps ; sans doute était-elle
nécessaire pour faire sortir l'humanité de la barbarie,

une conception basée sur une égalité des droits et
sur la morale eut été impossible à réaliser tant que
la marche de l'humanité ne la comportait pas ; aujourd'hui, au contraire, un retour à cette conception
nous paraît monstrueux parce que nous avons un
autre idéal. Essayons de préciser.

Au cours de la grande guerre, nous avons affirmé,
nous peuples de l'Entente, que nous nous battions
pour le droit ; ce terme est impropre, car l'Allemagne aussi possède un droit, seulement ce n'est pas le
même, il faut marquer ce qui sépare l'un de l'autre.

L'Allemand n'admet de droit que celui qui peut
s'exercer, une arme inutilisable n'est pas une arme ;
à ses yeux c'est donc la force qui crée le droit comme
l'a expliqué naguère Bismarck : le droit n'est qu'au
plus fort puisque seul il peut s'en servir. Telle est la
doctrine des philosophes, des poètes, des historiens
allemands. On n'a que l'embarras du choix pour les
citer.

Au contraire, pour nous, le droit existe en lui-
même, en dehors de la possibilité de l'exercer, le
droit violé par la force n'en est pas moins le droit.
Une telle conception se confond avec la morale, puisqu'elle n'est que la traduction du devoir moral que
nous avons de respecter autrui. Ceci nous fait comprendre le sens exact de la pensée de Nietzsche que
« la morale est condamnable comme étant une cons-
« piration de la masse contre l'élite ». La morale est
en effet, la sauvegarde du droit du faible, puisque le
plus fort n'en a pas besoin pour faire prévaloir le

sien ; et de là résulte un profond précepte politique, à savoir que c'est le faible qui a le plus grand intérêt à développer la morale.

La liberté. — L'une des notions fondamentales de la morale est celle de la liberté, car sans liberté il n'y a pas de droit ; il importe donc d'étudier de près cette grande notion sous ses princi, aux aspects qui sont au nombre de quatre : liberté personnelle, liberté nationale, liberté politique, liberté de conscience.

A l'état sauvage, l'homme isolé est absolument libre ; mais, dès que se forme le premier groupement, certains hommes usent de leur liberté pour confisquer celle de leurs voisins, ils appliquent le droit du plus fort encore en honneur en Allemagne. Le maintien de la liberté exige donc la limitation de la liberté.

La liberté peut être complète vis-à-vis d'autres hommes et ne pas l'être vis-à-vis de l'Etat ; c'est ainsi que dans les anciennes républiques grecques le citoyen appartenait à la Cité, il lui devait le service militaire indéfini, toute sa fortune ; la cité réglait sa nourriture, son vêtement, lui imposait le meurtre de ses enfants difformes ; et cependant ces citoyens s'estimaient libres.

On voit combien intervient ici de tous côtés la relativité et comment la conception allemande pourrait faire rétrograder l'idée de liberté.

La liberté nationale n'est pas liée à la liberté individuelle. Un pays peut être soumis à un autre sans que les citoyens soient molestés ; il peut même se faire que cette soumission soit la condition de la liberté personnelle. Les indigènes de plusieurs de nos colonies ou nos protectorats sont dans ce cas, notre domination les a individuellement libérés de l'esclavage ou d'un état voisin de l'esclavage : notre arrivée en Afrique a entraîné la suppression de la traite, la fabrication des eunuques et mille autres pratiques barbares. Aussi, pour peu que nous leur laissions une suffisante liberté locale, les habitants nous sont-ils tout dévoués ; seuls les anciens exploitants se plaignent que nous ayons réduit leur liberté. Ces considérations nous font toucher du doigt le fondement de la politique coloniale et l'erreur que commettent ceux qui veulent assimiler les colonies aux pays d'Europe jouissant d'une civilisation avancée.

Quant à la liberté politique, elle varie nécessairement avec la vie sociale. Les Grecs, qui n'avaient pas de liberté personnelle, jouissaient de la plus grande liberté politique sans avoir la notion qu'elle pût être opposée à l'Etat. Cette opposition est née en Europe à la suite des invasions successives qui ont organisé chaque fois la domination d'une race conquérante. La liberté dut être reconquise par fraction et restait toujours précaire, de là est née la théorie allemande de la liberté, d'après laquelle il n'existe que des libertés conquises.

Le triomphe de la forme morale de la liberté est trop récent pour que nous l'ayons pleinement assimilée ; la liberté politique nous paraît encore une sorte de rebellion contre l'Etat. Beaucoup de citoyens n'en comprennent pas encore la valeur et sont prêts à la vendre pour un bien-être matériel parce que leur courte vue ne leur laisse pas voir les conséquences de leur renonciation. Le sentiment de la liberté politique est intimement lié à la morale puisqu'il en est une forme. Pour conserver la liberté, il faut exalter la morale ; aussi tous les ambitieux se sont-ils toujours appliqués dans les républiques à détruire la morale dans la masse afin de détruire l'amour de la liberté politique.

La liberté de conscience ne se confond avec aucune de celles qui précèdent, elle est un produit du christianisme ; le monde ancien ne la soupçonnait pas, car la religion faisait partie du foyer : être incrédule c'était renoncer à être citoyen ; la religion était une propriété personnelle et le prosélytisme eût été un contresens. Aussi la conception chrétienne de la divinité amena-t-elle la destruction de la Cité Antique commencée par la philosophie de Socrate et de Platon. Désormais on put être esclave et avoir un dieu, c'est-à-dire une liberté de conscience ; là est la grande transformation due au christianisme. Dès qu'il fut le plus fort, le christianisme essaya d'ailleurs de supprimer cette liberté et, de ce jour, il perdit sa force et suscita la Réforme.

Ce souci de la liberté de conscience alla chez certains Réformistes jusqu'à admettre l'objection de conscience des citoyens qui ne veulent pas répandre le sang comme un motif d'exemption au Service militaire. Les Anglais en ont restreint l'usage en 1915, mais n'ont pas osé l'abolir. Le Canada s'est borné à enlever les droits civiques aux *objectors*, mais ne les a pas obligés à s'enrôler. En France, nous avons proclamé la liberté absolue et cependant nous n'admettons pas les *objectors*, nous n'admettons pas non plus certains cultes immoraux tels que ceux qui poussent à la mutilation ou tels que ceux des Aïssaouas musulmans qui détraquent les nerfs et causent de nombreuses morts.

La liberté, sous toutes ses formes, est donc nécessairement limitée dans une société organisée, et ceci au bénéfice de tous. Il importe de bien comprendre cette vérité scientifique pour mettre au point les revendications de tel ou tel parti politique, de telle ou telle association, de telle ou telle église qui s'efforcent d'ameuter l'opinion en réclamant la liberté.

Les limites de la liberté ne peuvent être précisées, elles dépendent du pays, de l'état social, du niveau de la morale ; pour se diriger dans cette réglementation difficile, il est nécessaire que les dirigeants possèdent la notion scientifique de la relativité ; et, d'autre part, la solution sera d'autant plus facile que le peuple entier sera mieux instruit de cette même notion et plus imprégné de morale.

Afin de faire mieux comprendre les nécessités de ces restrictions de la liberté, je prendrai trois exemples :

1° Notre conception de la liberté comporte l'idée de justice. Pour que chacun de nous ait justice il faut que nous renoncions à nous faire justice nous-même, c'est notre sauvegarde contre le droit du plus fort.

2° Nous devons nous mettre en garde contre les maladies contagieuses. Nous devons donc accepter la surveillance hygiénique.

3° Un ouvrier ne peut vivre qu'en travaillant : Si les lois économiques le réduisent à la famine, nous devrons tous accepter une réduction de notre liberté sous forme de lois sociales, d'ententes syndicales...

Remarquons, d'ailleurs, que la liberté n'a de valeur que si nous nous en servons, c'est-à-dire si nous l'aliénons dans un but déterminé, mais cette aliénation est volontaire, limitée ; là est l'abîme qui nous sépare de l'esclavage et non dans une prétention à l'indépendance farouche qui est la négation de toute société.

L'ÉGALITÉ. — De même que la liberté, l'égalité est obligatoirement limitée par les nécessités de la vie en commun. Aristote a déjà montré, trois siècles avant J.-C., l'erreur scientifique de l'égalité absolue : « Elle vient, dit-il, de ce que les hommes, étant égaux à certains égards, croient être égaux en tout et prétendent avoir en tout un droit égal ». Un tel sens du positif nous ouvre des horizons sans fin sur l'avance qu'aurait aujourd'hui notre civilisation si la philosophie grecque n'avait été arrêtée par la conquête romaine et la vague théologique qui l'a remplacée.

L'égalité parfaite n'existe, comme la liberté, qu'à l'état sauvage et isolé. Rousseau a donc raison de dire que c'est la civilisation qui a développé l'inégalité parmi les hommes, mais il aurait dû ajouter qu'aucune civilisation n'aurait pu faire autrement parce que toute civilisation est le produit de cerveaux successifs ayant chacun une supériorité. Dès que nous voulons agir, il faut accepter la direction de celui qui sait agir ; mais, même dans le détail, notre vie aux uns et aux autres ne peut être identique : si un homme fabrique des habits, un autre cultive le blé, tous deux échangent leurs produits, la vie du tailleur ne sera pas celle du cultivateur ; le savant qui découvre un principe utile à l'humanité, comme Pasteur par exemple, ne peut avoir la même existence qu'un charretier. Tous les citoyens sont utiles à la condition précisément de se différencier, ils devront user de leur égalité comme ils ont usé de leur liberté.

Il est facile de montrer, d'ailleurs, que l'application stricte de l'égalité mène à l'inégalité : une amende de 100 francs très dure pour un pauvre est négligeable pour un gros industriel ; en revanche quelques jours de prison brisent toute la vie de cet industriel et ne sont que de faible conséquence pour le pauvre.

L'égalité doit donc être relative sous peine de cesser d'exister.

La fraternité. — La fraternité elle-même doit rester dans les limites répondant à l'état social. Avoir le même sentiment pour l'honnête homme et pour le brigand, c'est être immoral, donc anti-scientifique ; c'est, de plus, avantager le brigand au détriment de l'honnête homme, car le premier en abusera, le second pas ; c'est, de plus encore, annihiler le caractère, le sens du bien, le ressort de l'homme.

La fraternité est un sentiment créé par la civilisation, car les lois de nature n'ont pas de bonté, elles sont indifférentes n'étant que la manifestation de forces. On ne demande pas à la pesanteur d'avoir de la pitié. La fraternité dépend donc du degré de civilisation, c'est-à-dire du degré de morale d'un peuple, mais elle doit toujours rester relative, sinon elle risque de se détruire elle-même. En s'étendant sans discernement au genre humain, nous voyons qu'elle en arrive à déterminer chez certains hommes la haine pour la partie saine de leur propre nation.

— La relativité augmente si on rapproche la liberté de l'égalité et de la fraternité. Une liberté exagérée aboutit à un accroissement de l'inégalité, à l'abus de la force contraire à la fraternité ; de même l'égalité exagérée ne peut se maintenir que par une suppression presque complète de la liberté qui ramène à la quasi-servitude et supprime le sens même de la fraternité.

La mesure de cette relativité est fixée par la morale ; il est facile de voir que plus la morale sera élevée dans la masse des citoyens, plus la liberté, l'égalité, la fraternité seront naturellement développées, plus la limite de chacune se précisera dans les consciences, plus il sera impossible d'agiter les esprits en faisant miroiter devant eux la chimère d'un absolu. C'est donc un devoir pour ceux qui détiennent

une partie du pouvoir spirituel par leur talent d'ora-
teur, d'artiste, ou d'écrivain, de développer constamment la valeur morale de leurs concitoyens, de ne
parler ou d'écrire que pour élever le cœur et l'esprit.
Au lieu de s'isoler comme tant de leurs aînés dans
un snobisme dédaigneux, au lieu de développer l'hy-
pertrophie de leur moi, il serait beau que les talents
des jeunes générations fussent appliqués à cette
œuvre ; ils y trouveraient, d'ailleurs, le grand succès,
car il n'est pas vrai que le public soit rebelle aux
choses morales, l'expérience de chaque jour le démontre.

LA PATRIE. — Aux idées de liberté et de morale se
rattache directement l'idée de patrie. Dans l'antiquité,
la patrie absorbait toutes les individualités, mais elle
n'existait naturellement que pour les hommes libres,
les esclaves n'avaient pas de patrie. Lorsque l'empire
romain supprima la liberté, l'idée de patrie jusque-là
si puissante s'atténua au point que régna la devise
ubi bene, ibi patria.

Dans notre vieille Gaule, que nous connaissons si
mal, le patriotisme était vivace ; mais la Gaule était
formée de peuples différents, de nations juxtaposées
ou superposées : de là vinrent ces discussions dont
sut profiter César et que notre ignorance attribue
trop facilement à la légèreté de nos caractères. La
conquête romaine détruisit le patriotisme et prépara
ainsi l'invasion des barbares. Avec le régime féodal
il n'y a plus de patrie puisque chaque seigneur vise
à l'indépendance ; le patriotisme renaît avec les Com-

munes ; il s'affirme avec Jeanne d'Arc en France, mais dans certaines provinces il est solide depuis bien plus longtemps. C'est la Révolution qui détermine l'amalgame solide des patriotismes locaux parce qu'elle fait revivre l'ancienne Gaule avec ses conceptions morales. La Révolution est, au fond, l'explosion du sentiment celtique comprimé pendant 15 siècles et reparaissant avec son idéal : cela est si vrai que, tout d'abord. les seigneurs de l'ancien régime ne s'y reconnaissent plus et cherchent la patrie en Allemagne, là où règne la conception du droit de la force. Nous ne pouvons plus juger comme à cette époque, mais il est curieux de noter qu'aujourd'hui encore les quelques Français hostiles à l'idée de patrie sont les adeptes d'une théorie allemande ; ce n'est pas là une coïncidence fortuite, c'est une conséquence naturelle de ce que j'ai expliqué plus haut.

Peu de temps avant la guerre, un député socialiste demandait à la tribune de la Chambre où chercher l'idée de patrie. Est-elle dans le coin de terre . où nous sommes nés ? disait-il ; mais la nature se joue de nos divisions arbitraires, le paysan verra toujours ses arbres et ses prairies identiques à elles-mêmes. Est-elle constituée par l'ensemble des écrivains et des penseurs qui font la gloire de notre littérature ? Mais l'élite seule de nos bourgeois en profite, l'ouvrier ou le paysan n'y sont pas intéressés. Est-elle la propriété du sol ? Cela importe peu à qui ne possède rien. La patrie, concluait-il, ne se révèle au prolétaire que par des charges, par les impôts, le service militaire, le sacrifice éventuel de sa vie.

Chose curieuse, il ne se trouva pas à la Chambre un député pour réfuter ce paradoxe ; plusieurs affirmèrent plus ou moins éloquemment leur foi, aucun ne fit une réponse scientifique, ce qui montre bien l'utilité d'un exposé de doctrine tel que celui-ci et la nécessité de diffuser cette conception de la politique.

Il n'est pas vrai que le maître ne change pas la terre, chacun sait que la campagne d'Allemagne ou d'Angleterre ne ressemble pas à celle de France ; cet aspect physique est d'ailleurs peu de chose : ce qui nous attache, c'est le souvenir, ce sont les affections, les habitudes de vie, c'est la tradition, sentiment essentiellement personnel. Il n'est pas vrai non plus que la littérature ou la science n'intéressent pas nos ouvriers ou nos paysans ; car leur sort dépend de ce que Descartes, Montesquieu, Voltaire ou Rousseau ont écrit, bien qu'ils n'en aient jamais lu une ligne ; leur mentalité dépend de Corneille et de Victor Hugo ; leur situation dans le monde dépend du rayonnement de la pensée française parce que cette influence se répand de proche en proche, crée une ambiance dont tous profitent et qui, à son tour, réagit sur les grands esprits porte-paroles de la nation. Il est évident, d'ailleurs, que, même au point de vue matériel, la mentalité de la bourgeoisie dirigeante importe aux ouvriers et aux paysans exécuteurs journaliers de ses pensées.

Cloarec 3

Il n'est pas vrai, non plus, que l'ouvrier ou le paysan soient indifférents à la propriété puisqu'ils subissent les contre-coups des variations de sa prospérité ; mais c'est certainement l'élément le moins lié à l'idée de patrie. Au simple point de vue de son capital ou de son revenu, le propriétaire est peu intéressé aux changements de nationalité du sol ; il est vrai que la guerre ravage la propriété, mais elle crée aussi la misère pour les prolétaires ; le propriétaire retrouvera la valeur de sa terre sous la domination étrangère, ce n'est donc pas la défense de son capital qui inspire son patriotisme. Quant à la propriété mobilière, elle est encore moins liée à l'idée de patrie puisqu'elle est essentiellement transférable d'un pays à l'autre.

Il n'est pas vrai, non plus, que le prolétaire supporte plus de charges ou de sacrifices que les autres citoyens, et cet argument est sans valeur.

En réalité, loin que ce soit le riche qui souffre de la domination étrangère, comme veut l'établir notre auteur, c'est le prolétaire qui a le plus à y perdre. L'homme riche peut voyager ; s'il reste dans son pays le conquérant cherchera à le ménager parce qu'il a besoin de lui. Au contraire c'est sur le pauvre que s'appesantit la main du maître et, pour s'en convaincre, il suffit de demander leur avis aux Alsaciens ou aux Polonais, aux Tchèques ou aux Slovaques, aux Arméniens ou aux Syriens.

Ce n'est pas là qu'est véritablement la patrie, elle est dans la liberté et dans la morale. Un homme qui n'a pas de patrie n'est pas un homme libre, il n'est pas l'égal de son vainqueur, il est traité par lui sans fraternité, il est froissé dans toute sa dignité d'homme ; il ne peut pas compter sur la justice et, ici encore, le pauvre souffrira plus que le riche qui a mille moyens de se défendre. La justice, la morale sont plus nécessaires au pauvre ; tous les hommes ont besoin de patrie, mais lui plus encore.

La théorie qui prétend opposer l'ensemble des travailleurs de tous pays à l'ensemble des bourgeois de tous pays est une erreur théologique, une de ces illusions de mots qui sont si contraires à la science. En admettant cette union réalisée et l'honnêteté assurée dans les contrats, les réactions du même acte n'en resteront pas moins différentes d'un pays à l'autre suivant l'éducation, le régime politique, les nécessités locales : un pays sans charbon ou sans blé ne peut supporter un fait économique donné de la même manière qu'un pays minier ou un pays riche producteur. Une telle union rendue efficace aurait donc pour effet certain la ruine d'un pays au profit d'un autre, et ce seraient les plus sincères, les plus naïfs qui seraient les dindons de la farce ; ils se précipiteraient alors dans la guerre civile, suprême liquidation de toutes les folies.

Certains théoriciens ont voulu trouver un argument dans le fait du changement des patries au cours des âges : c'est encore là une erreur théologique. Il est naturel que l'évolution amène de tels changements ; le sentiment de la patrie étant essentiellement moral change d'objet lorsque les conditions ont changé : la patrie n'est pas liée au sol, elle est liée à l'idée.

Tout ceci fait comprendre quelle erreur et quelle faute commettent les hommes qu'une passion de parti pousse à mêler l'idée de patrie à leurs querelles. La patrie est à tous ; vouloir l'enfermer dans une formule, c'est la détruire : On ne peut demander à des hommes modernes de sacrifier leur vie à une idée dont on prétend par ailleurs les exclure. Toute patrie, grande ou petite, est liée à la notion de la dignité personnelle, de l'énergie, à l'amour de la liberté poussé jusqu'à la mort.

Ce qui précède fait comprendre aussi que le développement de la personnalité humaine ait rendu peu désirable l'acquisition d'un pays malgré la volonté de ses habitants. Dans l'antiquité, les vaincus devenaient des esclaves ; dans le monde moderne, les Allemands avaient bien rêvé une sorte de néo-servitude, mais ils n'avaient pas osé l'appliquer complètement, sans doute l'auraient-ils fait s'ils avaient été vainqueurs. L'Alsace-Lorraine a été un boulet à traîner et les a empêchés de jouir de leurs victoires ; leur absence de notion morale les a empêchés de comprendre la différence entre un pays comme l'Alsace et une colonie comme le Cameroun ; cette lacune leur a valu la faillite définitive de leur doctrine. Comme le disait Guillaume II, « la guerre de 1914 est la lutte entre deux conceptions du monde ». C'est la conception du dieu Thor qui a été vaincue et celle du grand Ram qui a triomphé.

Il n'est sans doute pas inutile de faire remarquer comment l'ignorance de la relativité a déterminé, à diverses époques, des crimes contre la patrie. Les émigrés de 1790, les internationalistes du xxᵉ siècle, les bolcheviks russes n'ont pas su comprendre que leur amour et leur aversion pour leurs concitoyens et pour les étrangers de même classe qu'eux devaient être pesés, ils se sont laissés entraîner par leur passion, leur mentalité absolue a obscurci leur raisonnement.

CHAPITRE III

LE GOUVERNEMENT

Les premières bases jusqu'ici établies ne sembleront, sans doute, mettre au jour aucune nouveauté ; il ne s'y trouve en effet aucune panacée susceptible de transformer le monde comme d'un coup de baguette ; je veux montrer, par quelques applications, le parti que l'on peut tirer des quelques règles posées et qui, malgré leur simplicité, ne sont pas toujours suivies. Comme nous entrons dans la politique pure, il me faudra faire intervenir une sorte d'art analogue à l'art médical, inévitable dans les applications d'une science où la personnalité humaine tient une si grande place ; mais art ne veut pas dire fantaisie, il s'agit ici d'une sorte d'intuition analogue à celle dont Henri Poincaré nous a lumineusement démontré que la Science mathématique elle-même n'est pas exempte.

Le résultat nous prouvera la justesse de notre intuition.

La guerre nous a convaincus de la nécessité de réformer notre système politique, mais une réforme ne consiste pas dans un changement quelconque ; avant de l'accepter, nous devrons examiner si elle est Scientifique, c'est-à-dire si elle corrige le défaut signalé et si elle répond aux principes déjà établis.

La forme républicaine. — Le premier point qui se pose est de savoir si nous devons conserver la forme républicaine et la conception démocratique ? Une pareille question pourra paraître oiseuse, elle ne l'est pas puisque certains Français affichent encore l'espoir de détruire l'une et l'autre et voient dans cette destruction le gage du relèvement national. Il y a parmi ces Français d'excellents éléments qu'il est très utile d'attirer à la Science en leur faisant toucher du doigt l'erreur où ils s'engagent.

Toute cette guerre a été faite au nom du droit, c'est-à-dire au nom de la morale. La lutte était engagée entre deux conceptions du monde : la conception allemande ou du *Faustrecht* (droit du poing), et la conception occidentale ou morale qui est la conception celtique. C'est la conception morale qui a triomphé et à tel point que les Alliés imposèrent aux vaincus un minimum de contrôle moral pour consentir à traiter avec eux. Il serait au moins étrange que cette situation nous menât, nous Français, qui avons porté le plus grand poids de la guerre, nous qui représentons depuis des siècles l'esprit d'examen, à renier toute

notre histoire, à aboutir à la négation de notre tradi-
tión et à un retour vers un régime qui a fait ses
preuves d'impuissance jadis dans notre pays, et à
l'heure actuelle chez nos ennemis. Ce serait le paradoxe historique le plus baroque qu'on eût vu sur
terre.

Cet argument de fait pourrait suffire, mais poussons
plus loin et cherchons si le monde entier se trompe
ou si nous nous trompons avec le monde entier.

Au cours de la grande guerre, toutes les formes
de gouvernement ont été mises à l'épreuve chez les
Alliés, les ennemis ou les neutres. Il n'est pas
encore possible de tout dire, mais nous pouvons en
dire assez pour le but poursuivi ici.

Considérons une monarchie absolue : la Russie.
Nul contrôle, car la Douma est dans l'enfance. Le
tsar est tout puissant ; c'est lui qui s'effondre le
premier après un ensemble d'événements déconcer-
tants. A côté de quelques hommes dignes de tous les
respects apparaît une Cour d'une dissolution qui
dépasse toute imagination, la trahison partout jusque dans le lit de l'empereur et dans tous les rouages
du gouvernement, l'incohérence et le désordre débordant un monarque faible et ignorant.

C'est un moine dépravé, Raspoutine, qui mène la
Cour ; le Saint-Synode le désavoue, le condamne,
mais l'Union de l'Eglise et de l'Etat empêche le
Saint-Synode d'exécuter sa condamnation puisque
cette condamnation atteindrait l'empereur chef de la
religion. L'Eglise gémit, mais elle supporte le

débauché sadique qui mène l'empire à sa perte avec la religion (¹).

Quand ce César s'effondre sans comprendre ce qui lui arrive, le pays est plongé dans la plus épouvantable anarchie, traîné dans la plus lamentable trahison envers les Alliés qui ont pris les armes par fidélité à l'alliance conclue avec lui.

Les autres monarchies de l'Entente sont tempérées par des institutions parlementaires au point que quelques-unes font figure de république. Quelques-uns des Souverains ont été héroïques, d'autres ont simplement fait leur devoir ; mais il ne s'agit pas ici des personnalités, il s'agit de savoir si les nations ont tiré une force supplémentaire du fait que le chef de leur Gouvernement était un roi.

Nous nous inclinons tous devant le Roi Albert, comme devant le roi Pierre de Serbie, mais les peuples n'ont pas été moins admirables que leurs Souverains, on ne voit pas que le principe monarchique ait joué ici aucun rôle ; les monarques ont tiré leur force de leur accord avec leurs peuples.

Ls roi de Monténégro n'a pas gagné les sympathies de son peuple et celui-ci a continué la lutte en dehors du Souverain.

En Roumanie, le roi Carol hésitait entre ses attaches de famille et la volonté de son peuple ; il est mort à temps pour éviter une crise ; son successeur

____

(¹) Voir : *Le Dernier Romanof.*

3.

a sauvé la monarchie en suivant la politique nationale; c'est le principe démocratique qui a triomphé.

En Grèce, une situation du même genre s'est accentuée du fait de la présence de Constantin sur le
trône : le monarque a voulu diriger son pays d'après
ses idées dynastiques, il l'a entraîné dans une aventure où il a failli sombrer ; c'est par l'appel au principe démocratique que Venizelos a sauvé la situation.

Le roi d'Italie s'est très bien conduit personnellement, mais cela a-t-il empêché les orages du
gouvernement italien ? Le pays a été sans cesse
tiraillé et n'a pu donner tout l'effort dont il était
capable ; peut-être peut-on dire cependant qu'ici
le monarque a été le lien d'une nation encore mal
formée, mais d'autre part que de faiblesse a été due
à l'existence de la Cour !

L'Angleterre possède l'une des plus vieilles et des
plus respectées monarchies de l'Europe. Où le
Gouvernement a-t-il puisé sa force ? La Grande-
Bretagne a traversé des difficultés intérieures con-
dérables, elle ne les a surmontées qu'en accentuant
sa politique démocratique, en relachant sa politique
d'Irlande, en élargissant le droit de vote étendu
même aux femmes.

Les *Dominions* sont de véritables républiques, elles
ont marché sans hésiter.

Mais s'il est un pays où le principe démocratique
ait donné sa mesure, c'est assurément l'Amérique.
Ce principe n'a-t-il pas été en lui-même une force

considérable ? n'est-ce pas à lui que M. Wilson a dû la puissance, non seulement nationale mais mondiale dont il a joui ; son affirmation du principe démocratique a suffi pour faire crouler de vieilles monarchies et a dominé les pourparlers de paix.

Quant à la France, dont je parlerai plus longuement, sa forme politique lui a-t-elle été nuisible ou utile ? Nous avons connu de durs moments, comparables à ceux de 1870 ; là où l'Empire s'était effondré la République a résisté sans un trouble intérieur. Nos gouvernants ont commis beaucoup de fautes ; nous les avons mieux vues que les fautes des autres gouvernements, mais sont-elles plus nombreuses et plus graves ? A diverses reprises et d'une manière presque continue, la France a été le centre de la coalition, c'est autour d'elle que s'est faite l'unité de direction, c'est un généralissime français qui a gagné la guerre. Somme toute, et sans méconnaître les défauts que nous connaissons tous, quel est le gouvernement qui a fait meilleure figure que celui de la France ?

D'autre part, que sont venus défendre nos alliés ? Ils l'ont maintes fois proclamé eux-mêmes, ils sont venus défendre la démocratie contre l'autocratie, le droit issu de la Révolution contre le droit féodal ; il n'est pas un journal, de l'opinion la plus réactionnaire, qui n'ait été contraint par la force des choses à nous représenter comme des défenseurs du droit et de la civilisation, de la morale contre la *Kultur* germanique. Personne n'oserait soutenir le paradoxe que le Monde se serait rangé à nos côtés si nous lui avions dit que nous nous battions pour restaurer l'ancien régime, ou même une monarchie comme celle de juillet.

Dans son *Histoire de dix ans*, Louis Blanc a excellement fait ressortir combien le principe monarchique pesa sur le gouvernement de Louis-Philippe. Ce monarque était au-dessus de la moyenne comme valeur personnelle, mais il fut écrasé par le principe, non pas seulement à l'intérieur mais dans la politique extérieure ; c'est à lui qu'on dutla consécration de notre abandon définitif de la rive gauche du Rhin, la destruction de la Pologne, le refus d'accepter les Belges qui demandaient à s'annexer à la France.

La conception théologique cache à beaucoup de Français la vision claire des choses : La royauté, dans l'ancienne France, s'appuyait sur la noblesse tout en la tenant en respect, elle représentait une force d'équilibre. Elle fut populaire malgré ses défauts parce que, sans elle, le peuple n'aurait pas pu détruire le régime féodal issu de la conquête germanique et reconstituer son unité. Dès que l'équilibre fut détruit par Richelieu, puis par Louis XIV, la noblesse s'effondra, et le trône resta sans appui. La Révolution réalisa dans les faits ce qui était déjà dans les esprits. Depuis lors, toute monarchie est en France une institution factice parce qu'elle ne répond plus à aucune tradition. Chateaubriand, qui affichait cependant des opinions royalistes, le proclamait hautement sous le gouvernement de Juillet « les essais successifs de restauration, dit-il, prouvent l'impossibilité désormais d'une autre forme en France que la forme republicaine ». La royauté a convenu à la France, elle ne lui convient plus parce que la France a évolué ; de même un vêtement qui a convenu à un adolescent ne lui convient plus à sa maturité ; les Français ont aujourd'hui nettement répudié le droit féodal, adopté comme base de leurs institutions l'idée morale qui est leur véritable tradition, toute tentative vers autre chose ne peut amener que du désordre. On aurait pu croire à la possibilité d'un empire à chef élu, l'expérience de Napoléon III a montré que cette solution était aussi impossible que celle de la royauté héréditaire ; de tels régimes s'appuient sur une aristocratie, il n'y en a plus en France et on ne crée pas une aristocratie à volonté. Il ne s'agit pas, on le voit, d'une préférence théorique, mais d'une réalité pratique, conséquence directe du milieu et de l'époque.

De même aucune comparaison avec un voisin tel que l'Angleterre ne vaut ; l'Angleterre peut évoluer vers la démocratie en conservant un roi parce que l'Angleterre a une aristocratie qui a survécu comme force sociale et qui a été, à travers l'Histoire, jointe à la force populaire contre la royauté, situation inverse de la situation française.

Vis-à-vis de la religion, au point de vue politique bien entendu, les conditions sont analogues : La royauté s'appuyait en France sur le clergé comme sur la noblesse, réfrénant ses excès et contenu dans les siens ; sans la royauté, le clergé, ne peut plus être un corps politique.

Au cours de la guerre, des prêtres, des religieuses se sont très bien conduits ; mais, politiquement, l'Eglise a écouté ses intérêts terrestres qui ne furent pas d'accord avec les notres ; l'immense majorité des catholiques a été forcée de comprendre que le maintien de leur foi était lié désormais à la séparation de la politique. Une liaison politique avec le Vatican aurait été une source de faiblesse pour notre pays puisqu'elle aurait aliéné l'immense armée des hérétiques et des libre-penseurs ; il n'y a plus de rapports possibles que sur le terrain de la séparation politique.

Il n'est donc pas douteux que le principe démocratique a été pour la France le pivot de sa défense, comme il reste le pivot de son existence.

Passons à nos adversaires. Nous sommes ici en présence des monarchies les plus solidement constituées, de celles qui se rapprochent le plus de l'ancienne royauté française.

La monarchie autrichienne, en particulier, reproduit le type d'un pouvoir traditionnel tempéré par des institutions et uni politiquement à l'Eglise Romaine. C'est son principe qui porte la première responsabilité de la guerre ; pour soutenir le principe monarchique, l'Empereur a lancé son pays dans la plus épouvantable aventure. Le principe monarchique n'a pas empêché le Parlement autrichien de retentir des injures, des coups, même des coups de feu échangés entre les sujets de François-Joseph. Pour essayer de se maintenir, l'Empereur a dû promettre des réformes démocratiques ; il est mort à temps pour ne pas voir s'effondrer son trône, c'est son successeur qui a assisté à la débâcle. Au point de vue religieux, son union politique avec le pape ne lui a pas été d'un grand secours, elle a compromis le pape dans des manifestations germanophiles où le catholicisme a beaucoup perdu sans faire gagner grand'chose à son allié. Quelle eût été la situation du pape s'il avait été lié de la même manière à l'une des Puissances de l'Entente ! Il aurait joué un rôle encore plus effacé. On ne peut rien contre l'évolution, et le souvenir de Grégoire VII rend le plus mauvais service à la papauté actuelle.

Le roi Ferdinand de Bulgarie était, avant la guerre, le favori des royalistes français ; il ne pouvait manquer, disait-on, de conduire la Bulgarie aux plus hautes destinées. Il a entraîné son peuple dans deux terribles aventures : la guerre contre ses alliés gréco-serbes qui a déconsidéré la Bulgarie dans les Balkans, la guerre contre l'Entente aux côtés des ennemis héréditaires, l'Autriche et la Turquie. Le principe monarchique a ici donné la mort.

En Turquie, le régime de l'autocratie liée à la puissance religieuse a tellement énervé tout le ressort national que des aventuriers ont pu bouleverser ce pays à leur guise. Les sujet ottomans, de races diverses, disposés à accepter un joug modéré, se sont révoltés, mais même ceux de race turque sont en plein désarroi. Quant à l'islamisme, son union intime avec le Sultanat de Constantinople l'a désorganisé pour longtemps ; les fidèles sont désorientés dans le monde entier et il est douteux que le Calife du Hedjaz réussisse à refaire à son profit l'unité religieuse. Ni la Turquie, ni l'Islam n'ont rien gagné à l'autocratie religieuse.

Reste l'Allemagne que les défenseurs de la royauté vantaient comme le modèle des pays organisés, des gouvernements bien constitués. Tout cela a tenu jusqu'à la première, défaite : Guillaume II et le Kronprinz ont, depuis la bataille de la Marne, fait figure de fantoches. L'admirable machine militaire a été frappée d'impuissance, les rouages ont grincé partout, le gouvernement a été tiré à hue et à dia, les chanceliers sont tombés comme de simples ministres parlementaires sans qu'il y eût, cependant, aucune force pour les pousser ; l'empereur a été rapidement dominé par son Etat-Major.

Une série de victoires inespérées, de 1862 à 1870, dues à la faiblesse politique de Napoléon III, avait créé une prospérité inouïe en Allemagne : la folie du monarque a lancé son peuple dans la terrible aventure. Le principe monarchique a mis l'Allemagne au ban des nations, le monarque a commis toutes les sottises diplomatiques imaginables ; il a provoqué l'Angleterre qui n'avait pas envie de se battre, un peu plus tard il a provoqué l'Amérique bien décidée à rester neutre, et, ainsi, il a assuré la défaite de son peuple soulevé par lui dans l'espoir d'une guerre « fraîche et joyeuse ».

Quand le moral a subi une crise en France, nous l'avons surmontée ; quand la même crise a sévi en Allemagne, le principe de l'autorité brutale l'a accentuée, les matelots de Kiel ont refusé d'embarquer, les soldats ont refusé de marcher malgré les mitrailleuses leur tirant dans le dos, le principe monarchique a fait faillite. Et cependant nul pays ne semblait plus lié à son roi, nulle dynastie n'avait un prestige égal, nul peuple n'avait l'âme aussi disciplinée. Tout cela s'est effondré lorsque s'est fait sentir la grande secousse, et alors le monarque et son fils ont planté là leur armée et leur peuple. A quoi avaient-ils fait appel pour essayer de se soutenir ? Au principe démocratique ; le Kaiser avait promis l'extension du suffrage, des libertés publiques, quitte à tout reprendre dès qu'il serait redevenu le plus fort.

Et aussitôt tous les rois et tous les principicules d'Allemagne ont dégringolé l'un après l'autre comme des capucins de carte. Nulle part le principe monarchique n'est resté une force.

Que conclure de tout cela ? Est-ce une condamnation absolue du principe monarchique ? J'ai assez dit qu'aucune conclusion scientifique en politique ne pouvait être absolue ; mais nous avons le droit de dire que la force de ce principe a bien diminué dans le monde. Si certains monarques se soutiennent, c'est par leurs vertus propres et non plus par la vertu du principe ; seule peut-être la royauté d'Angleterre jouit encore d'une assiette solide, il ne faudrait sans doute pas la soumettre à de trop rudes épreuves et le roi doit intervenir de moins en moins dans le gouvernement, se cantonner dans son rôle représentatif.

L'Europe évolue indiscutablement vers un principe opposé, c'est-à-dire vers le principe républicain ainsi que le proclamait déjà Chateaubriand.

Tous les Français qui veulent véritablement relever leur pays de ses ruines doivent comprendre que toute agitation royaliste n'est plus aujourd'hui, et ne peut être, qu'une cause de désordre puisqu'elle absorbe des énergies dans une lutte sans objet et, par contre-coup, d'autres énergies dans la résistance. Ceux qui ont des opinions royalistes ou théocratiques doivent se persuader que leurs opinions empiriques doivent céder devant la réalité scientifique. Qu'ils gardent leur fidélité au souvenir du passé, cela est fort honorable, il faut qu'ils comprennent qu'ils vénèrent un principe d'un temps périmé, respectable mais inapplicable au temps présent, surtout en France puisque la force des choses fait de la France la représentante de la démocratie dans le monde, ainsi que le proclame la Conférence de la Paix.

Ce sera déjà un grand point si nous avons pu écarter définitivement cette cause de trouble et donner à tous la certitude scientifique que la forme du gouvernement ne dépend pas de nos préjugés, que cette forme n'a, d'ailleurs, en elle-même aucune vertu spéciale, elle n'est que la traduction de la mentalité générale. La force des choses impose cette forme adéquate en dépit de toutes les résistances ; mais si nous savons, par la science, la découvrir à l'avance, en préparer la venue et en assurer le fonctionnement, nous économiserons au pays des déchirements, et des ruines, nous hâterons l'évolution. Le monde est en perpétuel enfantement : le médecin social peut, comme le médecin du corps qui aide un enfant à naître, diminuer les douleurs, sauver l'enfant en péril, mais il ne peut empêcher la nature de poursuivre son œuvre.

LA PRÉSIDENCE DE LA RÉPUBLIQUE. — Admettant commeacquis ce premier point que la forme républicaine s'impose à la France moderne, il reste à en préciser quelque peu les contours ; une république peut être autocratique, aristocratique, démocratique ; et ces divisions comportent une infinité de nuances. De ce qui précède, on concluera aisément que notre république doit être démocratique, mais ceci est encore un peu vague.

Tout gouvernement est un compromis entre l'autorité et la liberté individuelle dont les formes absolues sont la tyrannie et l'anarchie. Ce compromis dépend essentiellement de l'état des mœurs : Plus la morale sera développée dans un peuple, plus le respect du voisin sera grand, plus l'homme sera guidé par sa conscience, donc moins il sera nécessaire d'avoir recours à l'autorité pour sauvegarder le droit du faible — c'est ce qu'énonce Montesquieu sous une autre forme lorsqu'il dit que la vertu est le ressort essentiel de la démocratie. — Nous sentons tous que notre avancement moral actuel nous oblige à une sérieuse autorité ; d'autre part, nous ne pouvons pas, comme les républiques grecques, faire du gouvernement direct, l'étendue de notre pays l'interdirait ; nous devons donc déléguer nos pouvoirs soit à un homme, soit à une assemblée, soit à une organisation mixte pour créer cette autorité.

Dans certaines républiques de l'Amérique Centrale, le président est élu à peu près à vie : aux Etats-Unis le mandat est de quatre années ; dans les deux cas, ce président est indépendant des Chambres, il nomme ses Ministres et peut gouverner contre elles ou du moins sans elles. Devons-nous adopter cette manière de faire ou réduire les pouvoirs du chef de l'Etat ?

Il ne s'agit pas de se payer de mots et de répondre par cette phrase simpliste qu'un Chef doit avoir une grande autorité : la personnalité du Chef n'a ici rien à faire et son titre n'est qu'un mot ; ce qu'il faut, c'est déterminer la combinaison convenant le mieux à notre pays et à notre époque, l'homme qualifié de *Chef* devra se plier à cette combinaison ; son amour-propre n'est pas en cause, dans une démocratie la plus grande gloire revient au plus utile ; il est évident, d'autre part, que la valeur personnelle d'un homme influe toujours sur son rôle, l'augmente ou le diminue.

Un certain nombre de Français se sont laissés séduire par la figure du Président Wilson et, compa-

rant son autorité à celle de notre Président de la
République, ont cru trouver dans la solution américaine le remède aux défauts que nous découvrons
tous dans notre organisation politique.

Il est bon de rappeler, dès l'abord, que le Français
admire volontiers ce qui se passe à l'étranger ; il a
l'esprit critique éminemment développé et a conservé
cette croyance en la vertu des formules qui est l'héri-
tage de l'esprit théocratique ; il discute volontiers
sur un principe idéal et non sur l'application, ce qui
est le contraire de la méthode scientifique en politique.

Le mandat à l'américaine n'est pas nouveau en
France, nous en avons fait l'essai à deux reprises ;
nous avons donné à un Premier Consul, puis à un
Président en 1848, la mission de diriger le gouvernement : les deux fois, l'élu a profité de sa situation
pour se faire élire à vie, puis pour se faire nommer
empereur héréditaire. Ces précédents ne sont pas en-
courageants, d'autant moins que les deux expériences
ont abouti en politique extérieure à l'invasion étrangère et au démembrement de la France, en politique
intérieure à la Restauration de 1815, à la Commune
de 1871.

Le système a-t-il réussi en Amérique aussi bien
que le croient ses partisans ?

Pendant près d'un siècle, on peut dire que les pro-
nunciamentos ont créé une sorte d'anarchie dans toute
l'Amérique, sauf aux Etats-Unis ; cette période de
trouble semble révolue parce que partout on a

apporté des modérations aux Constitutions. L'exemple des Etats-Unis reste avec sa force probante, mais le fait même qu'il est à peu près unique montre qu'il doit y avoir là quelque condition spéciale qui a fait que ce régime s'est trouvé adapté au pays. Les Etats-Unis, en effet, ont eu une évolution historique qui explique cette particularité. D'abord, c'est un pays sans aristocratie ; dès qu'il eut assuré son indépendance, il ne connut que des égaux venus sur cette terre pour échapper aux querelles de l'Europe ; ensuite c'est un pays protestant, et se réclamant du libre examen. D'autre part, les Etats n'avaient aucune administration centralisée ; par suite des origines diverses, de la non-homogénéité des populations, de leur particularisme, le régime était obligatoirement fédéral ; les nouveaux citoyens avaient à assurer leur existence dans un pays neuf, d'une étendue illimitée, ils étaient obligés de lutter contre la nature fruste ou contre des autochtones d'une autre race qu'ils refoulaient, ils éprouvaient donc le besoin d'être tranquilles dans leurs terres perdues et trouvèrent nécessaire de remettre le soin des affaires politiques à un homme qui ne pourrait être tenté d'en abuser, puisqu'il ne pouvait trouver aucune aristocratie, aucun clergé, aucune administration pour l'appuyer. Enfin les Etats-Unis eurent cette chance que le général qui les avait libérés fut Washington, homme d'une haute moralité, plus jaloux de la liberté que d'un despotisme qu'il haïssait. Lorsque des flatteurs vinrent trouver le jeune général en l'excitant à obtenir la

dictature du vote de ses concitoyens reconnaissants,
il repoussa l'offre et honnit les flatteurs. « Gardez-
« vous, dit-il à son peuple, de jamais faire à qui que
« ce soit une offre pareille, un homme faible p urrait
« se laisser tenter et vous perdriez les fruits de vos
« efforts ».

L'énoncé même de ces conditions montre combien
la France est loin de sé trouver dans une situation
semblable et explique la réussite des deux Bonaparte. Mais serrons la question de plus près : La
guerre actuelle est la première grande crise extérieure
de la République du Nouveau-Monde, voyons comment
sa Constitution a réagi, car c'est dans de pareilles
tourmentes que les intitutions font leurs preuves.

Admettons que l'Amérique ait trouvé en M. Wilson un homme d'une haute probité morale et d'une
capacité exceptionnelle ; les circonstances en ont
fait une sorte d'arbitre du monde. Mais, dans une
étude telle que celle-ci, nous ne devons pas juger
sur une réussite individuelle et qui peut être exceptionnelle ; nous devons disséquer le cas, en quelque
sorte, pour le bien comprendre. L'affectueuse admiration que nous inspire notre grand ami ne peut nous
empêcher de philosopher, et je me propose de le faire
avec le souci de ne pas me payer de mots et d'aller au
fond des choses au point de vue positif et spécialement au point de vue des applications françaises, car,
je ne saurais trop le répéter, la Science politique est
variable suivant les pays comme l'hygiène est variable
suivant les climats.

Quelle était la situation mondiale au moment où l'Amérique commençait à s'émouvoir ?

L'Allemagne faisait la guerre à la France, à la Russie et à l'Angleterre avec le dessein avoué d'établir son hégémonie en Europe, après quoi elle ne cachait pas qu'elle forcerait l'Amérique à se soumettre au peuple élu ; la liberté de l'Amérique était donc menacée comme celle du vieux continent. La question était vitale pour les États-Unis. Dans cette situation d'une grandeur tragique, un homme était le maître incontesté de la décision à prendre. Chef du gouvernement, responsable devant sa seule conscience, il approchait de la fin de son mandat ; il est facile d'imaginer ses hésitations à lancer son pays dans un sens où dans l'autre.

Ce terme prochain de son mandat ne pouvait pas ne pas l'impressionner si on suppose, ce qui doit être et ce qui était le cas, que cet homme avait le sentiment de ses devoirs et la haute moralité qui convient à ses fonctions. Mais il y avait autre chose : Les Américains ne sont pas plus des saints que les Européens et, derrière le Président, il y avait un parti politique ; les élections toutes proches devaient conserver le Pouvoir au parti démocrate ou le faire passer aux républicains. Le Président avait des obligations vis-à-vis de son parti, comme il avait des devoirs vis-à-vis de la nation ; Or, le parti démocrate était pacifiste, tandis que le parti républicain voulait la guerre. On voit de quel poids pesait l'élection proche. Je crois que M. Wilson se rendait compte de la nécessité vitale de

la guerre, mais, disait-il un jour publiquement, « un
« chef d'Etat démocratique ne peut pas faire une
« pareille guerre sans l'assentiment de son peuple ».

Ainsi, du fait même de la Constitution américaine,
toute la politique des Etats-Unis fut embourbée pendant un an : Quoi qu'il arrivât, quelle que fût l'opinion du Président, il fallait rester dans le statu quo
jusqu'à l'élection. Tous ceux qui ont de la mémoire
se souviennent que l'opinion française, trompée par
l'attitude expectante de M. Wilson, souhaitait la victoire du parti républicain, et quand M. Wilson fut
réélu, plusieurs journaux français témoignèrent vivement leur déception. En somme, M. Wilson était
élu comme pacifiste et le parti de la guerre était en
minorité ; supposez un homme plus timoré que
M. Wilson ; jamais il ne se serait décidé à passer outre
au verdict national.

Voilà justement le danger de ce plébiscite, c'est
qu'en réalité, pour les électeurs, bien d'autres considérations que la guerre étaient intervenues ; nous
devons nous dire en France que, pour les Américains de l'Ouest par exemple, l'Europe est un pays
lointain dont les querelles sont peu intéressantes ;
dans l'Ouest les regards sont tournés vers le Pacifique,
les choses de Chine y sont beaucoup plus palpitantes
que celles de France et d'Allemagne.

L'élection fut contestée, la majorité étant très faible,
mais les républicains s'inclinèrent vite devant le résultat. Mettez-vous à la place de M. Wilson à ce moment et imaginez ses perplexités : Il pouvait consi-

dérer que cette grosse minorité républicaine lui donnait des forces pour déclarer la guerre, mais tous les pacifistes avaient voté pour lui. La maladresse brutale de l'Allemagne se chargea de vaincre toutes les hésitations ; mais ce qui nous occupe ici c'est la conséquence que pouvait avoir le régime politique.

Il y a plus : Supposez que l'élu eût été M. Bryan, par exemple, pacifiste irréductible. Au bout de trois mois ou de six mois, le peuple américain tout entier aurait enfin ouvert les yeux, aurait voulu la guerre libératrice ; aucune force politique n'aurait pu obliger M. Bryan à la déclarer. En vain toute l'opinion aurait reconnu son erreur, le président élu serait resté pour quatre ans le maître de la situation, car il n'aurait pu être renversé que par la Cour Suprême et seulement pour violation de la Constitution.

Supposez encore autre chose : Nous avons tous admiré la magnifique énergie du gouvernement Américain, la rapidité de décision qui jeta sur nos rivages deux millions de combattants. Imaginez que le président eût été un homme faible, un politicien éloquent prenant sa parole pour des actes — il y en a dans tous les pays +; la guerre déclarée, il aurait discouru sans agir. Le peuple entier aurait réclamé une conduite plus énergique, tous les représentants de la nation auraient manifesté leur désapprobation ; le président, imperturbable, aurait continué pendant quatre ans sa politique de faiblesse. Rien, sinon une révolution, un assassinat n'aurait pu changer le cours des choses.

Nous n'avons rien eu de tout cela, me dit-on ; mais

nous aurions pu l'avoir ; ce fut un coup de dé. Devons-
nous croire que le dernier mot de la sagesse, dans des
circonstances aussi graves, soit de s'en rapporter à un
coup de dé ? M. Wilson s'est révélé à la hauteur de
sa tâche, mais qui oserait soutenir que tous les présidents Américains le sont toujours ? Et si nous en faisons une application à notre pays, devons-nous croire
que tous les présidents possibles en France seront obligatoirement à la hauteur de leur tâche ? En France,
c'est le Président du Conseil qui est chef du gouvernement ; tous les présidents du Conseil sont-ils obligatoirement les hommes qui conviennent ; ne paraît-il
pas sage de se réserver la possibilité d'en changer ?
Pour préciser, demandez-vous si les changements de
ministères de 1914 à 1918 ont tous été nuisibles.

Au cours de la guerre, c'était un parti-pris dans
une grande partie de la presse, et dans l'opinion de
nombreux Français, de blâmer tout intervention du
Parlement ; on ne voulait y voir que des manifestations
d'ambitions personnelles. Notre bourgeoisie surtout
était hypnotisée par sa conception craintive de l'im-
mobilisme, elle avait peur de toute parole, de toute
critique. Encouragé par l'opinion, notre gouvernement avait instauré un régime de censure dépassant
en rigidité celui d'aucun pays du monde ; nous ne
savions rien et nous ne voulions rien savoir, nous indi-
gnant que tous n'eussent pas la foi aveugle. Nous
avons en France un Parlement qui a le droit de contrôle, nos mandataires savaient, eux, ce que nous ne
pouvions savoir ; systématiquement nous ne voulions

pas qu'ils intervinssent : A la lueur des événements nous pouvons juger qui avait raison.

Je ne veux pas appuyer sur les noms de nos hommes d'Etat, j'aurais l'air de faire de la polémique personnelle, ce qui est aussi loin que possible de mon but ; je me contenterai de demander à chacun d'examiner en son âme et conscience si l'intérêt de la France était dans la stabilité à toute force des ministres successifs qui ont dirigé les destinées françaises. Devons nous affirmer que nous devions fermer les yeux et les oreilles à l'expérience de la guerre ? Remarquez que cette même partie de l'opinion qui considérait la stabilité du Pouvoir comme un dogme étendait sa conception au haut commandement, à chacun des ministères, mais trouvait naturel que le haut commandement sacrifiât des commandants d'armée ou de corps d'armée.

Je pense n'avoir pas besoin de me défendre du reproche de vouloir soutenir le paradoxe de l'instabilité érigée en règle. Je montre l'erreur d'un principe absolu, ce n'est pas pour recommander d'adopter l'absolu contraire ; là, comme partout, comme toujours, c'est la relativité qui doit nous guider. Ayons de l'esprit de suite, soutenons l'homme qui tient le gouvernail tant qu'il est le plus capable, tant que nous lui reconnaissons l'intelligence, l'énergie, l'habileté, mais n'ayons pas de superstition ; quand nous constaterons que nous nous sommes trompés, que l'homme n'a pas les qualités que nous lui suppusions, et même plus simplement quand nous aurons la conviction que les qualités de l'homme ont été très utiles mais ne le sont plus, ne nous inspirons que du salut du pays. Les simples citoyens sont, surtout en temps de guerre, insuffisamment renseignés pour juger, ils ne peuvent donc que s'en remettre à des représentants. Ces représentants peuvent se tromper ; mais est-il plus sage de rester enchaîné derrière un homme pendant quatre ans ou pendant sept ans, dût le pays en périr ?

Allons jusqu'au bout de ma pensée. L'expérience nous a montré que les Allemands avaient su, par divers moyens, séduire ou gagner certains hommes politiques. Supposez que l'un de ces hommes eût réussi, à la veille de la guerre, à se faire nommer chef de l'Etat : C'eût été possible puisque nul ne le soupçonnait alors. Devons-nous désirer que notre Constitution fût restée impuissante devant un cas pareil ? Encore une fois ne cherchez ici aucun sous-entendu, aucune insinuation contre personne, aucune allusion à telle ou telle personnalité : j'examine comme je pense que pourrait le faire un habitant de Sirius descendu sur notre planète. La justice nous dira s'il y eut des culpabilités, ou des complaisances, ou des naïvetés, ou simplement des opinions mal comprises ; je n'envisage pas la solution, je me pose comme citoyen, comme français, cette simple question : Serait-il désirable qu'un coupable, un complaisant, un naïf un sectaire ou un maladroit devienne le directeur inamovible de la politique de mon pays parce qu'il aurait été élu une fois ; serait-ce pas retomber dans les dangers d'une royauté telle que celle de Constantin de Grèce ou celle de Ferdinand de Bulgarie?

Ce danger est-il moindre que celui que nous feraient courir, d'après certaines critiques, les membres du Parlement déclarés être tous des ambitieux sans scrupules renversant à plaisir les ministères pour avoir la chance d'obtenir un portefeuille dans le ministère suivant? On ne peut nier qu'il y ait de tels hommes dans le Parlement Français, mais y en a-t-il moins dans une monarchie ! En Allemagne, les chanceliers, les ministres, les généraux n'ont-ils pas fait preuve des mêmes sentiments? Hélas ! aucune Constitution ne pourra changer la nature humaine. Mais rien ne justifie une généralisation qui ne tend à rien moins qu'à nous déconsidérer tous dans la personne de nos représentants. Dans son ensemble, le Parlement français a soutenu les ministères tant qu'il les a crus capables ou simplement adaptés aux circonstances ; il a vu les défauts plus vite que le public parce qu'il était mieux renseigné : il n'a pas alors toujours agi, sans discussions vives, sans passion et sans erreur, sans se laisser influencer par l'opinion ; mais pourquoi soupçonner toujours la mauvaise foi ? Il a pu y en avoir, et nos efforts doivent tendre à en restreindre la part le plus possible, mais, dans l'ensemble, nos Assemblées ont fait leur devoir et notre Constitution n'a pas fait mauvaise figure. Certains ministres ont été jusqu'à accuser nettement leurs contradicteurs d'ambition personnelle « Si vous m'attaquez c'est que voulez un portefeuille ». N'aurait-on pas pu leur répondre : « Si vous vous cramponnez c'est que vous tenez à votre portefeuille » ? Pour ma part, je ne préjuge ce sentiment chez personne, je crois que tous les hommes dignes de gouverner, tous ceux que la confiance générale porte au Pouvoir sont capables de la haute ambition du devoir accompli et que les défaillances ne sont pas aussi fréquentes que le crient les critiques parlementaires.

Tous les hommes sont faillibles, les chefs d'Etat comme les autres, et l'enjeu me paraît ici trop gros pour que nous laissions le hasard décider. Il m'apparaît que l'une des supériorités du régime démocratique est la possibilité de corriger une erreur, tandis que dans le régime monarchique l'infériorité du souverain est sans remède et peut causer la mort du pays. D'autre part, un Président chef d'Etat, lorsqu'il se trouve dans une circonstance grave comme la situation actuelle, me paraît être dans une infériorité manifeste ; il est obligé de siéger avec des ministres qui, eux, sont tous révocables et peuvent être désavoués, tandis que sa parole engage irrévocablement son pays ; s'il a prononcé une parole imprudente, s'il a subi un échec retentissant, le pays qu'il représente reste sans force alors qu'un simple Ministre en se retirant laisse le champ libre à un successeur plus adroit ou simplement mieux averti.

En France, le problème revêt un autre aspect du fait de notre histoire. Un président autoritaire apparaît toujours comme suspect et capable d'un coup d'Etat. Le maréchal de Mac-Mahon ne dépassa pas en réalité ses droits et, cependant, il déchaîna au 16 mai une crise grave qui ne se dénoua que par sa démission ; depuis lors, les présidents ont dû accentuer leur réserve et aucun ne pourrait pratiquement user de la totalité des droits que lui confère la Constitution.

Le problème que nous avons à résoudre n'est donc pas d'imaginer des procédés d'élection augmentant l'autorité du Président, rien n'est plus facile que de combiner de tels procédés ; il est de savoir quelle autorité convient au Président de la République française à l'époque présente. L'histoire et l'expérience nous montrent que l'autorité actuelle est suffisante puisqu'il ne peut pas l'exercer toute, et qué le rôle qui convient à notre Président est celui de régulateur de la machine gouvernementale ; ce rôle est loin d'être une sinécure, comme le croient certains, sa discrétion n'exclut pas son importance ; représenter dignement une grande nation, désigner les Ministres d'après la situation politique, en présider le conseil, faire servir son expérience au bien général, tout cela est digne d'un homme de haute valeur. En France, le chef de l'Etat doit rester en dehors et au-dessus des partis parce que nos luttes sont encore trop vives, il y perdrait sa considération, son prestige ; il doit être inattaquable et la solution adoptée par notre Constitution résout bien le problème en séparant la présidence du Conseil de la présidence de la République. Cette séparation nous a épargné bien des crises et me paraît indispensable à conserver

chez nous ; ce qui peut aller en Amérique ne convient pas en France. Nos mœurs n'admettraient pas
ce qui se passe à l'heure actuelle en Amérique où le
Président appartient à un parti en minorité dans les
Deux Chambres ; cela n'est possible qu'avec un système fédéral, et encore peut-on se demander comment
se dénouerait un dissentiment sur une question
essentielle comme celle de la Société des Nations si
le Sénat restait hostile à la conception du Président ;
en France un tel antagonisme entraînerait fatalement
un coup d'État, d'un côté ou de l'autre.

Notre solution me paraît donc très supérieure à la
solution américaine : grâce à elle, les crises ministérielles sont sans répercussion grave, on l'a vu au
cours de la guerre ; le remplacement d'un Président
de la République se ferait de même. On a peine, au
contraire, à s'imaginer une élection présidentielle en
Amérique au milieu des pourparlers de paix si le
hasard avait voulu que la période de 4 années échut
à l'heure présente, surtout s'il devait en résulter un
changement du parti au pouvoir. Ce serait bien
autre chose si l'élection devait avoir lieu en France
où notre système politique et nos mœurs, fruit
de l'histoire, interdisent de faire fonctionner la machine électorale pendant la guerre. Nous avons
admis la prolongation tacite du mandat de nos députés, on ne pourrait admettre la prolongation du
mandat du Président Chef du gouvernement, surtout
s'il n'était pas d'accord avec les Chambres. Le système américain est plein de périls et ses partisans

me paraissent victimes de ce mirage qui consiste à considérer tout changement comme un progrès sans qu'on se soit bien assuré des conséquences.

Le système américain n'est, d'ailleurs, nullement lié à l'indépendance du gouvernement vis-à-vis du Parlement ; on peut très bien concevoir un ministère dans la même situation indépendante, mais ceci est une autre affaire et j'y reviendrai. Il est intéressant de noter qu'au moment même où des Français réclament le système américain, M. Wilson se plaint de n'avoir aucun moyen constitutionnel de discuter avec les Chambres puisque ses ministres n'y ont pas accès ; et les Chambres américaines, se plaignant de ne pas savoir où est conduit le pays, demandent à ce que les ministres communiquent avec elles. Il semble bien que, somme toute, on est allé trop loin dans chacun des deux pays, on n'a pas suffisamment tenu compte de la relativité, les solutions sont trop absolues.

Les Ministres. — Nous sentons vivement les défauts des joutes oratoires énervantes, les vices d'un système où le Pouvoir continuellement mis en cause est à la merci d'une surprise, où la tactique parlementaire absorbe trop du temps précieux des ministres qui ont d'autres soucis en tête et ont besoin de leur liberté d'esprit pour résoudre les problèmes qui leur sont posés et pour dominer leurs bureaux ; mais, dans l'état actuel des choses, nous avons constaté que le silence du Parlement pendant les premiers mois de la guerre ne nous a pas donné lieu de nous féliciter :

les ministres, débarrassés des interpellations, ont été plus que jamais les prisonniers de leurs bureaux ; s'il n'en est pas de même en Amérique, cela prouve que notre administration n'est pas celle des Etats-Unis, ce que nous savons de reste. La solution qui nous convient ne doit pas être cherchée au loin, mais dans notre histoire et dans notre morale ; nous pourrons puiser des indications à l'étranger, mais non copier des mécanismes qui ne sont pas faits pour nous.

Au lieu de dénigrer systématiquement les hommes que nous avons choisis, ce qui dénote trop la passion, cherchons les raisons qui troublent la rectitude de leur conduite afin de supprimer ces raisons ou de les modifier :

Nous voulons réduire l'effet des luttes parlementaires, et pour cela donner aux ministres une certaine indépendance ? La difficulté n'est pas d'indiquer des moyens théoriques, mais ceux qui nous conviennent, puis c'est de faire accepter ces moyens par l'opinion en prenant soin de n'en préconiser que de susceptibles d'être acceptés par elle.

On a proposé d'obliger les ministres à donner leur démission de membres du Parlement avant d'accepter un portefeuille, ou même d'interdire le choix des ministres parmi les parlementaires. Cette dernière mesure paraît peu pratique, elle créerait un état de méfiance et d'hostilité permanentes entre le gouvernement et les Chambres ; ce serait d'autre part, se priver de la source principale où les hommes d'Etat se familiarisent avec les affaires publiques; les Américains se plaignent vivement de ce système. La première mesure est possible, on l'applique en Angleterre où les ministres doivent se faire réélire. Il n'apparaît pas que cette obligation diminue sensiblement le nombre des crises ministérielles en Grande-Bretagne ; d'ailleurs comment appliquerions nous cette mesure en France où nous n'avons pas pu faire les élections en temps de guerre ?

Au lieu de copier ce que font les autres pays, bornons-nous à examiner le résultat pratique obtenu par leurs institutions ; si ce résultat est bon, rendons-nous compte de ce qui peut être adapté à nos mœurs sans oublier la grande loi de l'harmonie nécessaire ; mais puisons surtout nos idées en nous-mêmes. Si le système américain offre des dangers qui doivent le faire écarter dans notre pays, il a certains bons côtés dont nous devons chercher à nous assurer le bénéfice ; les bons côtés sont l'unité de direction dans le gouvernement et une stabilité dont il ne reste qu'à régler le degré suivant l'état de nos mœurs. Du système américain on peut adopter le principe de l'autorité du Président du Conseil sur tous les ministres, avec pouvoir de les changer à son gré ; cette autorité existe bien théoriquement, mais en pratique chaque ministre s'estime maître de son domaine. J'ai entendu d'anciens ministres soutenir que le contraire constituerait le gouvernement personnel, montrant une fois de plus comment la confusion des mots mène à la confusion des idées. Le gouvernement personnel condamné par l'opinion générale, c'est le gouvernement sans contrôle ; et, en réalité, l'organisation d'une petite satrapie dans chaque ministère supprime le contrôle, chaque ministre s'abritant, pour agir à sa guise, derrière une fiction de solidarité ministérielle qui ne joue que dans les cas exceptionnels. Pour que cette solidarité soit scientifique, il faut qu'elle soit effective.

Le Président du Conseil devrait être chef du gouvernement sans portefeuille et avoir un secrétariat fortement charpenté qui donne les directives aux ministres après que le Conseil a discuté et éclairé le Président. Alors, la responsabilité du chef du gouvernement sera nette, et les ministres, réellement responsables devant lui, cesseront d'être livrés à leur inspiration personnelle ou à celle de leurs bureaux. Quant à la stabilité, la durée de quatre ans fixée en Amérique, ou celle de trois ans qui est de règle en Suisse, sont peut être bien longues pour un pays comme le notre où les questions graves se succèdent rapidement : ce qui importe, d'ailleurs, c'est que le Président soit soustrait à cette préoccupation constante de parer à une attaque parlementaire ; je proposerais volontiers que le Président du Conseil fût élu pour un an renouvelable.

Afin de renforcer le sentiment de la responsabilité, tous les ministres sortants devraient avoir l'obligation de soumettre leur gestion au Conseil d'Etat au point de vue politique, et à la Cour des Comptes au point de vue administratif. Ces deux Assemblées, ne jugeant

que les applications et non la direction politique,
donneraient ou refuseraient un quitus dont la valeur
purement morale deviendrait sans doute effective en
empêchant le retour au Pouvoir des ministres incapables.

Cette conception n'a rien d'improvisé, c'est celle
qui est adoptée dans les grandes Sociétés anonymes
où l'expérience en a montré le bien fondé.

Le principe de la responsabilité doit être appliqué
de la même manière à l'intérieur de chaque ministère. Il est ridicule de vouloir rendre un ministre
responsable des innombrables signatures dont on lui
demande de revêtir des papiers qu'il est dans l'impossibilité matérielle de lire, ou même de celles que ses
chefs de service donnent en son nom et pour ordre.
Le Ministre doit être responsable des ordres qu'il
donne, et la responsabilité de chaque chef de service
doit être effective pour les détails d'exécution qu'il a
réglés.

Cette méthode n'a pas seulement l'avantage de
la clarté, elle permet aux ministres d'avoir la liberté
d'esprit nécessaire ; contrairement à une opinion trop
répandue, un ministre doit travailler très peu et
réfléchir beaucoup. Le duc de Morny nous a laissé
cette boutade qui renferme un grand fond de vérité,
c'est que « le meuble le plus important d'un cabinet
de travail, c'est un lit de repos ». A l'heure actuelle,
quand un ministre a reçu tous ses visiteurs, causé
avec ses directeurs, répondu aux interpellations et
aux lettres, on lui apporte une montagne de papiers

à signer, l'opération matérielle de la signature dure
plus d'une heure. Ajoutez à cela les obligations de la
fonction, les visites, les dîners, etc., et demandez-
vous où le ministre peut trouver le temps de coordonner ses idées, de ressasser dans sa tête les projets
qui s'élaborent; il est à la roue d'un moulin, qu'il faut
tourner sans cesse, il fait moudre par ses bureaux et
couvre ce qu'ils ont fait.

Le remède à ce vice d'organisation, on le voit sans
peine, c'est la décongestion des ministères ;—j'y reviendrai en parlant de l'administration.

Du jour où le travail ministériel sera régularisé,
la plupart des défauts reprochés à notre parlemen-
tarisme disparaîtront d'eux-mêmes. Les intrigues
de couloir qui faussent la vie publique ne cesseront
pas entièrement parce que les hommes ne cesseront
pas d'être des hommes, mais elles se restreindront
considérablement parce qu'elles n'auront presque
plus l'appat des succès de tribune pouvant mener au
Pouvoir.

Je signale, en passant, l'intérêt qu'il y aurait, pour
réduire les abus d'éloquence, à changer la disposition
matérielle de nos salles de séances ; la salle, la tribune sont trop théâtrales. Les Anglais ont réduit
systématiquement les dimensions de leurs Chambres
au point que la moitié à peine des membres peuvent
s'asseoir, les députés parlent le plus souvent de leur
place et en s'adressant au speaker immobile sous sa
perruque blanche : la contemplation de cette figure
impassible réfrène bien des grandiloquences. Ce sys-

tème est, sans doute, inapplicable en France, mais peut nous servir d'indication,

D'autre part, nous pourrions réduire le nombre des députés, car le grand nombre pousse aux effets de tribune ; il semble que 390 à 400 députés suffiraient à assurer la bonne marche des affaires. Pour gagner du temps, des appareils mécaniques pourraient recueillir, enregistrer et totaliser automatiquement les votes en quelques secondes ; ces appareils sont faciles à réaliser et concourraient à donner au travail des Chambres, une allure plus froide, moins passionnée.

Le Suffrage Universel. — Mais tout cela n'est possible qu'autant que l'opinion l'accepte ; nos efforts doivent tendre à convaincre la masse que le Suffrage Universel doit avoir sa charte et ne doit pas croire à la vertu de son bon plaisir. Je pense que l'un des bons arguments pour y parvenir serait de montrer a chacun la nécessité de réserver un for intérieur ; la liberté individuelle demeurerait ainsi le garant de la morale du Suffrage Universel.

Tout se résume, en effet, dans l'organisation du Suffrage Universel, dans sa moralisation. En supposant même que d'adroits sophistes prouvent que le Suffrage Universel est une erreur, est-il possible d'admettre que notre pays va y renoncer, pouvons-nous croire que nos soldats victorieux vont accepter demain de ne plus avoir tous leurs droits de citoyens ? Alors que le monde entier évolue vers la consécration du Suffrage Universel, allons-nous lui tourner le dos ?

La réponse ne peut pas faire de doute et devrait suffire puisqu'elle domine toute la question, mais il est bon de fouiller les bases des principes qui nous dirigent.

De tous temps, l'autorité n'a pu s'exercer qu'autant qu'elle était subie ou acceptée ; si elle est subie elle est une manifestation du *Faustrecht* allemand « le droit du poing »; au degré où en est notre civilisation occidentale, elle ne peut être qu'acceptée.

Le caractère de l'autorité acceptée diffère de celui de l'autorité subie en ce sens qu'elle est une délégation et non un droit personnel. L'homme qui commande par délégation sent naturellement le besoin de gagner constamment la confiance de ses subordonnés qui sont ses commettants ; il est obligé, par la force des choses, de se rapprocher d'eux. Les Anglais d'abord, les Allemands ensuite, ont été très frappés, au cours de la guerre, par les relations existant dans notre armée entre officiers et soldats, encore, ces relations ne sont-elles pas ce qu'elles étaient dans les armées de Hoche, de Kléber et de Marceau ; les Américains les ont trouvées de suite conformes à leurs mœurs et s'y sont accoutumés sans difficulté, les Anglais, les ont subies un peu plus difficilement à cause de leur organisation aristocratique, mais ont largement cédé à la pression morale.

L'obéissance subie revêt un caractère de régularité et d'automatisme qui lui donne une apparence de solidité plus grande ; l'expérience montre que rien ne vaut le consentement, et cela se conçoit aisément puisque l'homme qui subit n'obéit qu'autant que la force l'y contraint, tandis que l'homme qui consent se donne de toute son âme. Mais pour qu'il consente, il faut d'abord qu'il ait une moralité élevée, fruit d'une éducation de la responsabilité ; cette moralité ne s'acquiert pas du jour au lendemain et, quand un peuple a été longtemps soumis par la force, il ne peut la comprendre qu'à la lueur de l'expérience ; le premier effet de la suppression de la contrainte, c'est le désordre ; nous avons pu le constater chez les Russes que l'ignorance a menés à une quasi-anarchie, puis chez les Allemands que l'adoration de la force, qui est le fond de leur culture, a menés à des formes autoritaristes imposées par les révolutionnaires successifs.

Ce serait s'illusionner que de croire la France à ce point moralisée que tous les citoyens y acceptent l'autorité, mais elle est l'un des pays du monde où elle est le mieux acceptée, les hommes épris d'ordre doivent comprendre que le seul moyen d'assurer cette acceptation est de développer la moralité dans la masse, ce qui ne peut se faire que si elle est déjà développée chez les chefs naturels de cette masse, c'est-à-dire chez ceux qu'on appelle communément les bourgeois ou les patrons.

Cette acceptation implique le droit de concourir à l'octroi du mandat, car elle ne se comprendrait plus de la part d'hommes qui ne jouiraient pas de tous les droits de citoyen. L'un des plus essentiels de ces droits est le choix des représentants, puisque les

conditions de la vie moderne ne comportent pas la
discussion publique des intérêts nationaux comme
cela se passait dans les anciennes républiques grecques.

La nomination de ces représentants soulève de
gros problèmes, j'en examinerai quelques-uns. Nous
avons adopté en France la solution la plus simple,
celle qui consiste à donner pleins pouvoirs à nos
représentants dans tous les domaines, mais aussi à
les charger de tous les devoirs. Ce système simpliste
nous a donné des mécomptes faciles à prévoir, mais
la notion de la politique scientifique est si peu
développée que la plupart des français ont cherché le remède dans une modification au mode du
scrutin qui désigne les représentants ou se sont
cantonnés dans le dénigrement systématique, affectant de considérer comme signe de distinction le
mépris affiché pour tous les représentants quels qu'ils
soient. Derrière ce mépris, il est facile de distinguer
des espoirs de retour aux régimes disparus ; l'histoire
pèse toujours sur nos épaules.

Ce dénigrement systématique a porté des fruits,
car il a écarté des affaires publiques nombre
d'hommes de valeur, il a jeté le trouble dans tous
les esprits et préparé la route vers l'anarchie : nous
sommes un pays de bon sens, mais tout de même il
ne faudrait pas trop jouer avec le feu.

En ce qui concerne le mode de scrutin, je ne doute
nullement des bonnes intentions des réformateurs,
mais j'ai peine à comprendre qu'ils puissent attacher

une pareille importance à une manière de compter les voix, croire que cette manière va transformer la mentalité de l'élu et l'exécution de son mandat. Depuis l'avènement de la République, nous avons passé du scrutin d'arrondissement au scrutin de liste, puis du scrutin de liste au scrutin d'arrondissement, et chaque fois le changement nous a été présenté comme une panacée. Une nouvelle vague nous pousse aujourd'hui vers un mode d'élection qui a passionné nombre d'électeurs avant la guerre et continue à occuper une grande place dans leurs conceptions ; ce fut au point, en 1914, que la question du mode du scrutin prima l'opinion politique pour certains députés qui se sont ainsi trouvés, pendant la guerre, porter au Parlement des idées en contradiction avec celles de la majorité de leurs électeurs. C'est dans des réformes plus positives qu'il faut chercher la solution du problème de l'organisation de la démocratie ; mais d'abord, étudions le Suffrage Universel en lui-même. Doit-il être égal pour tous, ou doit-il différer suivant la fortune, la propriété terrienne, l'instruction, la famille ?

A première vue, il peut sembler équitable que l'homme riche, payant plus d'impôts et ayant des intérêts plus grands à défendre, dispose de plus de voix que le pauvre dans la consultation générale. La réflexion nous montre que la richesse n'est qu'un élément de la chose publique, qu'il y a dans l'État une foule d'intérêts aussi respectables que la richesse et que, d'ailleurs, le modeste pécule économisé par le

travailleur pauvre mérite autant d'égards que la fortune du millionnaire De plus, la question sociale se
posant entre hommes inégalement riches, il ne
paraît pas équitable que dans la poursuite de l'amélioration de leur sort les humbles trouvent la puissance du capital accrue de la puissance politique. Il
est vrai que, par leur nombre, les pauvres acquièrent
une plus grande puissance d'ensemble que les riches,
mais cela doit avoir pour effet heureux de pousser
les riches à désirer de toutes leurs forces le développement de la moralité générale, sauvegarde de
leur fortune, en même temps que sauvegarde de
l'Etat. D'autre part, le but de la science politique,
qui est la paix sociale et le bien de tous, ne peut être
atteint que par l'acceptation universelle de l'état de
choses et, notamment, par le consentement des catégories les plus nombreuses de citoyens. Tout privilège basé sur la fortune doit créer un trouble dans
les esprits parce que, si la question d'argent est loin
d'être tout, elle joue un rôle important dans la prospérité publique ; chacun doit considérer qu'il a des
droits égaux à la direction des affaires, à ce point de
vue spécial de l'argent, dès lors qu'il contribue dans
la mesure de ses forces à alimenter le budget public.
Cette contribution doit revêtir une forme tangible
afin que tous les citoyens aient la sensation très nette
qu'ils participent aux dépenses de l'Etat ; il est donc
tout à fait regrettable que de prétendues considérations humanitaires aient poussé l'Etat ou des municipalités à exonérer certaines catégories de citoyens

5.

du paiement de l'impôt. A part les indigents, chaque citoyen devrait tenir à honneur, revendiquer comme un droit le paiement de l'impôt, en exigeant naturellement que ce paiement soit proportionné à ses forces : Ne pas payer l'impôt, c'est être un citoyen diminué, c'est cesser d'être un égal dans la Société de ses compatriotes ; de même, que pour un riche, dissimuler sa fortune afin d'éviter de payer sa part, c'est commettre une indélicatesse.

Ce que je dis de la fortune s'applique naturellement à la propriété terrienne qui n'en est que l'une les formes.

S'il ne doit y avoir aucun privilège pour la richesse, doit-il y en avoir pour l'instruction ? l'ignorant doit-il voter comme le savant ? Voici ce qu'en pense un homme peu suspect de tendances démocratiques, M. Ferdinand Brunetière : « De toutes les formes de l'aristocratie, écrit-il, l'aristo- « cratie intellectuelle est, en principe, la plus injus- « tifiable et, en fait, la plus dangereuse ». Auguste Comte est plus sévère encore, car il qualifie de pédantocratie le privilège politique du savant, et ce mot est singulièrement éloquent dans la bouche du savant qu'était Comte.

C'est qu'en effet l'instruction est loin d'être un critérium de la valeur sociale d'un homme ; l'instruction n'est qu'un outil dont on sait plus ou moins bien se servir ; de très grands savants ou des littérateurs de talent peuvent être très bornés en idées générales et n'avoir que des conceptions rudimentaires sur la science politique, ils peuvent même manquer de bon sens ; par contre, il suffit d'avoir parcouru nos campagnes pour y avoir trouvé des hommes presque illettrés ayant un sens profond de la politique pratique. Il semble y avoir là un paradoxe ; il n'y a qu'une idée scientifique, à savoir que le développement de l'esprit sur un point ne suffit pas pour que l'esprit soit plus avancé sur un autre point : un géomètre n'est pas plus qualifié en médecine qu'un épicier. Seul l'empirisme général peut faire oublier que la politique est une science qui peut s'apprendre dans les limites de son avancement actuel, science complètement distincte de toute autre et que la pratique de la vie peut enseigner quelque peu automatiquement, comme elle peut enseigner quelques règles d'hygiène et indiquer quelques remèdes simples.

On peut constater, d'ailleurs, qu'il y a des lettrés et des illettrés dans tous les partis.

Ni la fortune, ni l'instruction ne créent donc un droit positif au privilège politique. Je ne parle pas de la naissance, ce serait enfoncer une porte ouverte dans notre pays : le privilège de la naissance repose sur le principe aristocratique issu lui-même du droit du plus fort, il disparaît à mesure que s'éclipsent les aristocraties, en France il n'a plus de sens depuis la Révolution.

Reste la famille. Le père de famille représente plusieurs personnes vivantes, sa femme tant que celle-ci n'aura pas le droit de vote, ses enfants citoyens de demain pour lesquels il a le droit et le devoir de préparer l'avenir. Il paie pour eux, et par eux l'impôt d'argent et l'impôt du sang, il est une force essentielle de la Société. A titre d'encouragement autant qu'au titre du droit relatif qui est le droit pratiqué, il est qualifié pour parler plus haut qu'un célibataire ; je trouverais donc équitable et scientifique qu'il eût droit à plusieurs voix dans les consultations politiques. Mais pour qu'une telle manière de faire fût adoptée, il faudrait que l'opinion publique acceptât l'idée ; je crois qu'elle n'y serait pas hostile, mais tant qu'on ne l'a pas vérifié on ne peut affirmer que cette mesure est conforme à la science politique qui est essentiellement une science d'application. On peut la préconiser, faire campagne pour la faire adopter, elle ne peut passer dans les lois que quand elle sera acceptée dans les esprits.

J'en dirai autant du vote féminin. Il ne me paraît pas douteux que le droit pratique des femmes au vote s'est considérablement accru au cours de cette guerre. Non seulement beaucoup de femmes se sont très bien conduites, mais beaucoup ont occupé des emplois jusqu'ici réservés aux hommes, elles sont sorties de la vie domestique dans des proportions jusqu'ici inconnues pour entrer dans la vie publique, elles y ont contracté des habitudes nouvelles d'indépendance personnelle, elles se sont mêlées aux réalités du travail industriel, elles ont été amenées à prendre la direction d'organisations commerciales où philanthropiques, en un mot elles ont fait un grand pas vers leur assimilation aux

hommes dans la_vie extérieure ; cela correspond
naturellement à une plus grande valeur civique, à
un droit pratique nouveau. J'ajouterai que plusieurs
pays leur ont accordé le droit de vote et l'éligibilité,
une femme vient d'entrer au Parlement de Londres,
de là encore résulte une force pratique nouvelle pour
leurs revendications. Je ne parle pas du droit absolu,
mais uniquement des modifications survenues au
droit positif et qui sont toutes dans le sens de l'octroi
du droit de vote. Pour en décider la réalisation, il
reste à déterminer le degré auquel l'opinion publique
l'accepte, et aussi le degré de la volonté des femmes
de 'obtenir ; il ne paraît pas que cette volonté soit
très développée, et cela me paraît la pierre d'acho-
pement ; dès qu'elles le désireront les femmes
obtiendront le droit de vote, mais il faut qu'elles
montrent qu'elles le désirent.

Arrivé au terme de cette discussion, je n'ai trouvé
aucun argument justifiant une différence entre les
citoyens pour le droit de vote, sauf en ce qui concerne
les pères de famille ; s'il était besoin d'en produire un
nouveau pour prouver la nécessité de l'égalité sur ce
point, je dirais que nous demandons leur sang à tous
les hommes pour la défense de la patrie, que la guerre
moderne fait plus, elle oblige à porter sur le front
une proportion de travailleurs plus grande que celle
des intellectuels parce que ceux-ci rendent à l'arrière
des services essentiels à la défense commune. Un tel
état de choses serait inacceptable dans notre France
moderne s'il se trouvait aggravé par une différence

dans les droits politiques ; il faut que tous ceux qui défendent la patrie se sentent également citoyens.

LES ÉLECTIONS. — Le suffrage universel ne repose donc pas seulement sur une opinion, il fait partie de la vie moderne et en est l'une des plus fermes assises ; examinons maintenant la manière de le consulter.

Dans l'état actuel des choses, le candidat qui se présente aux diverses élections adopte le programme d'un parti, sinon dans son ensemble, du moins dans ses grandes lignes ; en fait, l'élection est le triomphe d'un parti, c'est-à-dire d'une opinion empirique. Il est fatal qu'il en soit ainsi tant qu'il se trouvera dans le pays une opposition non constitutionnelle, tant que les principes sur lesquels est fondé le régime seront mis en discussion ; il ne peut y avoir de calme tant que l'on sera sous la menace de tentatives révolutionnaires, ce mot devant être compris dans son sens le plus large, c'est-à-dire tant que le pays entier n'aura pas accepté et fait sien le principe de l'évolution, du progrès scientifique.

Cette menace résulte de notre histoire, et crée dans notre pays une situation qui lui est spéciale, elle n'a sa pareille dans aucun pays voisin ; elle nous oblige donc à adopter des règles spéciales dans notre constitution et elle rend toutes les réformes particulièrement difficiles parce que celles-ci sont toujours le prétexte d'une nouvelle levée de boucliers. Quel pas nous aurions fait le jour où la notion de la science politique se serait substituée à l'empirisme ! Tant que dure la menace, les électeurs et les élus ne peuvent différencier leurs votes, la discipline les oblige à soutenir le parti. Assurément, le candidat émet son avis sur la plupart des questions à l'ordre du jour, mais le plus souvent la question de parti emporte le vote, et avec raison puisqu'elle est essentielle. Quand il arrive qu'une autre question détermine le vote, le résultat est encore pis puisqu'alors les idées essentielles de l'électeur sont sacrifiées à un à côté de moindre importance.

L'électeur est placé en face de deux hommes ou de deux listes entre lesquelles il doit choisir ; le plus souvent il ne partage toutes les idées ni de l'un ni de l'autre ; et quelquefois même aucune des idées de l'un ni de l'autre, il faut cependant qu'il se prononce, l'abstention même est un vote. Comme c'est d'un seul bloc que les électeurs doivent donner leur avis, l'élu peut considérer son élection comme une approbation de tout son programme bien que, souvent, il ait été élu malgré plusieurs points de ce programme ; il peut encore considérer qu'en somme il a été élu comme membre d'un parti et négliger tout le reste.

Une fois à l'assemblée à laquelle il est élu, le représentant se trouve appelé à donner son avis sur une foule de questions qui ne faisaient pas partie de son programme, souvent il n'aura pas l'occasion d'émettre même un avis ou un vote sur certaines des questions qui s'y trouvaient. La discussion le fera peut-être changer d'avis, ou des considérations diverses l'amèneront à voter dans un sens déterminé qui ne sera pas compris de ses électeurs. Comment, par exemple, pourrait-il voter contre un gouvernement qui demande la confiance, alors que, pour des intérêts majeurs, il veut soutenir ce gouvernement ?

Tout cela est très compliqué et déroute l'esprit simpliste de la masse qui ne voit qu'une chose, c'est que cela ne va pas comme elle voudrait. De là résulte, dans un pays de logique absolue comme la France, un sentiment de malaise, un désintéressement de la politique, une dépréciation des élus en bloc. Chaque circonscription connaît son député et peut l'apprécier, mais elle dénigre l'ensemble de la représentation, ce qui montre bien que le vice tient au système ; celui-ci crée la confusion parce qu'il est trop simpliste. Le remède pour dissiper la confusion consiste donc à séparer, beaucoup plus qu'à l'heure actuelle les divers ordres d'intérêts en les faisant examiner, par des organismes spéciaux appropriés. C'est là une formule un peu obscure, je m'efforcerai de l'éclairer en parlant du régionalisme ; mais elle me paraît bien être tout au moins dans la direction de la solution scientifique, beaucoup plus que la création factice, rêvée par quelques-uns, de deux ou trois grands partis. Une telle création aurait pour effet d'annihiler, plus encore qu'à l'heure présente, la personnalité des élus et de les soumettre plus étroitement à la discipline empirique.

L'illusion des grands partis est venue de la consi-

dération du régime parlementaire anglais, mais je
ne saurais trop répéter que ce qui convient à l'Angleterre aristocratique ne peut convenir à notre
France démocratique; si l'Angleterre a eu, à certains moments de son histoire, de grands partis, c'est
que cela correspondait à sa situation à ce moment-
là ; dès que l'Angleterre a accentué son évolution
vers la démocratie, les partis se sont effrités et il ne
dépend de personne de les reconstituer. Lloyd George
vient de réunir une majorité, dite de coalition, qui
n'a rien de commun avec les partis et a achevé de
les disloquer. Il est possible qu'ils se reconstituent,
mais certainement pas suivant le modèle qui hante
l'esprit des imitateurs ; à des temps nouveaux correspondent des mœurs nouvelles.

La représentation proportionnelle. — Les considérations qui précèdent nous permettront d'apprécier
maintenant comment se pose devant la science politique le mode de scrutin dont j'ai déjà parlé et qui
est connu sous le nom de représentation proportionnelle.

Le point de départ est la croyance en la vertu des
modes de scrutin, jointe à une vague idée qu'un
changement doit améliorer les choses. A ces inspirations purement empiriques s'ajoute l'idée morale de
la représentation des minorités, idée qui satisfait
l'idéal de justice de nombreux Français : il n'est pas
juste que la moitié plus un des électeurs soit tout
et que la moitié moins un ne soit rien Enfin ce système force les partis à se resserrer.

L'idée morale est séduisante ; mais, en politique scientifique, une idée n'a de valeur que lorsqu'elle est formulée en un texte applicable, car ce n'est pas l'idée, c'est le texte qu'on appliquera. Or, pendant plus de cinq ans avant les élections, les proportionnalistes avaient essayé de formuler un texte sans parvenir à rien de pratique. Il n'avait pas été difficile à leurs adversaires de démontrer que les calculs compliqués qu'ils préconisaient aboutiraient souvent aux résultats les plus ébouriffants ; l'exemple de la Belgique, où régnait le vote plural, était sans valeur en France avec le vote unique. La réponse dénotait l'oubli des règles positives, car elle était toujours « nous ne tenons pas à cette formule, il y en a d'autres ». Les autres soulevaient des objections aussi graves sans que la foi des réformateurs fût amoindrie.

A quoi tient la difficulté du problème ? A ce que la proportion n'existe que s'il y a un très grand nombre d'élus dans une même circonscription ; elle serait à peu près exacte si toute la France votait sur les mêmes noms. Lorsque la circonscription est limitée, le partage ne peut plus se faire parce que le nombre des élus est obligatoirement un nombre entier et que le vote donne à la plupart des candidats seulement une fraction de siège ; il faut donc grouper, d'après des règles plus ou moins arbitraires, ces fractions pour faire des entiers. Ces règles donnent parfois la majorité des sièges au parti le plus faible ; il arrive même, exceptionnellement, que la majorité

peut n'être pas représentée du tout. On conçoit que
notre Parlement ait repoussé de semblables combinaisons qui sont, en elles-mêmes, contraires au principe du droit électoral.

Si un électeur ne peut avoir le représentant qu'il
désire, nul n'a le droit de prendre la voix qu'il a
donnée à un candidat pour la reporter sur un autre
et faire ainsi élire un homme dont l'électeur ne voulait pas ; c'est à l'électeur de décider ce qu'il doit faire
de sa voix si elle ne peut servir à celui qu'il veut.
De plus, pratiquement, ce calcul compliqué de voix
reportées de l'un à l'autre jette le trouble et la suspicion sur l'élection dont toutes les règles se trouvent
bouleversées.

Le problème n'est pas insoluble, au point de vue
où nous nous plaçons, c'est-à-dire au point de vue
relatif, mais à la condition de le poser nettement.
Que veut-on obtenir ? Que toute opinion ayant un
nombre sérieux d'électeurs dans une circonscription
soit représentée. Soit, mais la contre-partie de ce
programme est que la majorité reste la majorité. Il
existe quelques procédés simples pour y parvenir.

L'un consiste à faire dans la circonscription élargie,
deux tours de scrutin, le premier tour au scrutin
uninominal, le second au scrutin de liste pur et simple. Au premier tour, tout candidat est élu lorsqu'il
a obtenu le quotient, c'est à-dire le quart des voix si
la circonscription a droit à quatre élus ; au second
tour, la majorité reprend l'avantage pour les sièges
non déjà attribués. Ce système est le plus équitable

parce qu'il laisse à chaque électeur sa pleine liberté ; je l'ai proposé dans la presse en 1912 et il a été soumis à la Commission de la Chambre qui a reculé devant la nécessité des deux tours.

Le second procédé supprime le second tour, mais dispose dans une certaine mesure des voix non employées des électeurs : Le vote se fait au scrutin de liste, chaque liste a autant d'élus qu'elle a réuni de fois le quotient, le reste est attribué à la liste ayant obtenu la majorité, ou à une combinaison de listes formée par une indication spéciale des électeurs. Par exemple, au bas de la liste de son choix l'électeur écrirait une lettre A, B, C, indiquant avec quelle liste il désire fusionner pour le calcul des restes, le classement des listes obtenu après cette correction servirait à désigner les élus manquants.

Un procédé inverse du précédent consisterait à considérer comme élus au premier tour tous les candidats ayant la majorité absolue et à partager les sièges restants suivant une certaine règle de proportionnalité, c'est à ce système que s'arrêta la Commission de la Chambre en 1918 (¹).

Enfin, on peut admettre que chaque candidat dispose en faveur d'un autre des voix qu'il a obtenues au delà du quotient ; puis que, dans l'ordre du classement des voix, les derniers se désistent également en faveur d'un candidat plus favorisé, le tout de proche en proche jusqu'à ce que le total soit atteint.

(¹) Ce livre était écrit avant le vote de la Chambre.

Il est remarquable que beaucoup de proportionnalistes n'acceptent pas les formules qui favorisent la
majorité, ceci démontre que les campagnes proportionnalistes, ne furent pas toutes sans arrière pensée.

La question de la juste représentation des minorités ne fut, en effet, pas la seule mise en avant par
les proportionnalistes, ils prétendirent du même
coup « assainir » le Suffrage Universel ; Et comme
ils visaient surtout l'élection du député, c'est sur celui-ci que nous préciserons le raisonnement qui sera
ensuite facilement étendu aux autres assemblées.

Le scrutin d'Arrondissement, disent-ils, rapproche
beaucoup trop l'élu de ses électeurs, le candidat est
élu pour lui-même autant que pour ses opinions ; il
en résulte que l'élection devient un échange de bons
offices, l'élu se sentant obligé de rendre service à ses
électeurs sous peine de n'être pas réélu et se trouvant
obligé de se consacrer à l'intérêt local au détriment
de l'intérêt général. Par le scrutin de liste, au contraire, l'élu se trouve dégagé de ces obligations étroites,
il peut délaisser les intérêts locaux et ne plus voir
que les intérêts nationaux. Naturellement, plus la
circonscription sera etendue, plus cette indépendance
de l'élu sera manifeste. On voit comment cette campagne se rattache au régionalisme dont je parlerai
plus loin ; mais, pour le moment, examinons de près
cet exposé de doctrine avec le souci positif que je
veux apporter dans toute cette étude.

Nous avons tous constaté et regretté l'obligation
où se trouve le député actuel de consacrer une par-

tie importante de son temps à des questions de personnes ou à des questions locales ; mais cela tient-il vraiment au mode de scrutin ?

Considérons un député élu par la circonscription la plus large que l'on voudra, pense-t-on qu'il se désintéressera de sa circonscription ? Le but d'une élection, c'est de nommer un représentant, on ne peut supposer que du jour au lendemain l'électeur acceptera que son élu ne le connaisse plus ; quoiqu'on fasse, il y aura des députés qui s'occuperont des électeurs et ceux-là seront réélus, d'autres qui ne s'en occuperont pas et seront évincés. C'est déjà ainsi que les choses se passent et il n'y a aucune raison pour qu'il en soit autrement.

Si la circonscription est plus étendue, le député aura plus de clients, c. a. d. qu'il sera plus absorbé encore par ce côté de son rôle qu'il ne l'est à l'heure actuelle ; ceux qui sont actifs auront toute la clientèle, et personne ne s'adressera aux paresseux. Ceci se produit déjà dans plusieurs départements ; on pourrait citer des députés qui s'occupent non seulement de leur circonscription, mais encore des circonscriptions voisines dont le député n'a aucune influence ou aucune activité ; — de sorte qu'on arrive à ce paradoxe que les meilleurs députés seraient les plus paresseux. On ne peut soutenir que ceux-ci s'occuperont plus que les autres des affaires générales, car un homme paresseux l'est en toutes choses, et un homme actif emploie son activité dans tous les sens.

—Alors, répondent les esprits théologiques, il n'y a rien à faire et c'est le Suffrage Universel qui ne vaut rien ?

— Pas du tout, c'est vous qui vous laissez tromper par l'empirisme.

Vous vous plaignez avec raison qu'un député élu pour s'occuper des affaires de l'Etat passe trop de temps à s'occuper d'affaires locales. Très bien, et je vous suis dans cette partie critique ; mais pourquoi en est-il ainsi ? Parce que les affaires locales sont traitées à Paris comme les affaires nationales, parce que, dans notre pays, avec notre organisation, rien n'aboutit sans démarches à Paris. La question la plus simple, l'exercice d'un droit de citoyen restent embourbés si une intervention ne les fait pas sortir de l'ornière. A qui voulez-vous qu'un citoyen ou une municipalité s'adresse, sinon à son député qui a un accès facile dans les Ministères et une certaine autorité morale à laquelle les bureaux cèdent de plus ou moins bonne grâce ? Elu au scrutin de liste, d'arrondissement ou autrement, le député est le mandataire des intérêts des siens, et pour le soustraire à ces obligations, il n'est qu'un moyen, c'est de nommer un autre homme pour les remplir, c'est de faire que l'intervention du député soit inutile et inefficace. En un mot, pour supprimer l'effet supprimez la cause et ne vous payez pas d'apparences ; allez au fond des choses, scientifiquement, positivement.

Est-il exact que le scrutin de liste soustraira le député aux obligations personnelles ? Avec le scrutin de liste, la direction d'un Comité sera nécessaire car, dans une circonscription étendue, seuls quelques hommes exceptionnels seront assez connus pour s'imposer ; dans l'immense majorité des cas, les candidats seront des hommes honorables, connus dans leur commune, leur canton, ou tout au plus leur arrondissement. Aujourd'hui, un candidat ayant une idée nouvelle peut former un comité pour soutenir sa candidature, il n'en est pas l'esclave, mais le directeur ; avec le scrutin de liste ce ne sera pas possible. Comment se formera le comité départemental ? Chaque arrondissement enverra au chef lieu un ou plusieurs délégués, et ce sont ces délégués qui décideront quels hommes seront candidats, sauf, bien entendu, les cas exceptionnels sur lesquels on ne peut bâtir aucun raisonnement. Nul ne pourra donc être pratiquement candidat sans l'appui des délégués. Alors que se passera-t-il une fois l'élection faite ? Si l'électeur connaît son député, il s'adressera à lui et rien ne sera changé ; s'il ne le connaît pas, il s'adressera au délégué et celui-ci écrira au député ; il n'y aura qu'un intermédiaire de plus. Seulement cet intermédiaire sera irresponsable, tout en ayant les moyens d'exercer sur le député une formidable pression : à l'heure actuelle, si un électeur demande une chose déraisonnable, le député en ne faisant pas la démarche pour le satisfaire ne s'aliène qu'un électeur, mais si la chose lui est demandée par le délégué il s'alienera son grand électeur. Celui-ci deviendra une sorte de proconsul, maître des voix, et jugeant arbi-

trairement si le député appuiera ou n'appuiera pas
tel électeur, car il interviendra pour empêcher autant
que pour aider ; il faut ne pas connaître la vie provinciale pour en douter un instant. Nous aurons donc
installé le régime des rancunes locales exercées par
un délégué qui sera vraisemblablement d'esprit
moins large que le député et qui, vivant sans cesse
sur place, aura mille occasions d'exercer son pouvoir.
C'est en vain que le député essaierait de résister, il
serait brisé car le délégué aurait mille moyens de le
rendre impopulaire et lui interdirait à jamais la
réelection en imposant son veto au Comité électoral
du département ; il est certain que tous les délégués
se soutiendraient mutuellement.

Voilà la pratique, elle est bien différente de la
théorie.

Est-ce à dire que je condamne le scrutin de liste
et que je prône le scrutin d'arrondissement ? Bien
loin de là, mais je n'attribue à cette question que
l'importance tout à fait secondaire qui lui revient
quand on regarde les choses de près : Chaque système a ses inconvénients et ses bons côtés. Nous
avons déjà trop fait de ces réformes qui consistent à
changer les choses de place sans rien changer au
fond. Le seul avantage sérieux d'un vote définitif
du Parlement serait de débarrasser l'horizon politique d'une question devenue irritante et qui trouble
l'expression des opinions depuis plusieurs années ;
en cela elle serait conforme à la science, de même
que le retour au scrutin d'arrondissement le devien-

dra peut-être dans quelques années pour la même raison.

Si nous voulons faire des réformes véritables, il faut nous inspirer d'un esprit plus positif et nous demander si le remède proposé va bien guérir la maladie. Pour qu'un député soit dirigé par l'organisation vers la seule préoccupation des intérêts nationaux, le moyen pratique c'est de séparer les ordres d'intérêts parce qu'alors il pourra répondre à ses électeurs l'entretenant de leurs affaires privées « cela ne me regarde pas, adressez-vous à un tel ». Si les intérêts restent mêlés, ce n'est pas un mode de scrutin qui les séparera ; le remède n'est pas fait pour la maladie.

Quant au côté moral de la proportionnalité, au sentiment de justice auquel elle répond, il sera d'autant plus facilement accepté que la science politique sera plus générale, puisque tous admettront alors qu'il s'agit de degrés dans les solutions et non d'un bouleversement général.

CHAPITRE IV

LE RÉGIONALISME
ET LA DÉCENTRALISATION

Les discussions sur la représentation proportionnelle ont naturellement amené les partisans de ce mode de scrutin à désirer des circonscriptions étendues parce que la proportion ne peut s'établir raisonnablement que sur un nombre assez grand de sièges. De là est née une nouvelle doctrine, celle du Régionalisme.

A vrai dire, l'idée n'est pas nouvelle, car les anciennes provinces ont toujours conservé des partisans, mais elle a pris une force plus grande en ces dernières années et elle s'est très sensiblement modifiée. Pour en étudier la valeur, j'aurai recours, comme toujours, au principe de la relativité et au point de vue pratique beaucoup plus qu'aux spéculations d'allure mathématique.

La théorie régionaliste peut se résumer ainsi :
« Notre pays est trop centralisé, donc créons des
régions ». Vous voyez de suite reparaître l'erreur si
commune dans les raisonnements politiques et qui
consiste à proposer un changement sans se demander s'il est bien le remède, mais à affirmer empiriquement qu'il l'est. La centralisation est une chose,
le régionalisme en est une autre : on pourrait concevoir les communes toutes puissantes, ce serait le
maximum de la décentralisation et l'inverse du régionalisme ; de même on pourrait concevoir des régions
centralisées. Ce sont deux questions distinctes et leur
mélange ne peut que troubler les esprits.

S'il est vrai que nous sommes trop centralisés, le
remède consiste à décentraliser. Mais qu'est-ce qu'il
faut décentraliser ? l'Administration ou le Pouvoir
Politique ? Dans quelle mesure pour l'un et pour
l'autre ?

La première recherche à faire est celle de l'origine
de notre centralisation, car rien n'est, en politique, un
produit spontané. Il y a sans doute des raisons à
cette centralisation ; lesquelles, et que valent-elles
encore à l'heure présente ? Que deviendra notre pays
avec ses mœurs et sa situation géographique si nous
changeons la base de notre organisation ?

Commençons donc par jeter un rapide coup d'œil
sur notre histoire.

Lors de la conquête romaine, il existait en Gaule
trois races principales qui s'étaient refoulées l'une
l'autre, chacune était divisée en nations indépen-

dantes formant des fédérations ; il n'y avait pas d'unité, non pas à cause de la légèreté des habitants, mais à cause de leur histoire. Grâce à ce manque d'unité, César conquit la Gaule. Les Romains se gardèrent bien d'unifier le pays, de sorte qu'un jour les barbares défoncèrent la mince barrière de l'armée romaine, ils ne trouvèrent aucune organisation sérieuse devant eux. Au bout d'un siècle d'invasion, les Franks, soutenus par le clergé, réussirent à s'imposer ; ils n'étaient que 10.000 guerriers et la population gauloise était d'environ 12 millions d'âmes ! Les Franks devinrent les seigneurs féodaux, toute la population fut réduite au servage.

Sous l'oppression, les différentes races se rapprochèrent ; le roi leur apparut comme la planche de salut contre la noblesse oppressive, il devint rapidement populaire, les peuples se groupèrent autour de lui ; de là naquit la centralisation consacrée par Henri IV, poursuivie par Richelieu, achevée par Louis XIV.

La France fut un peu déçue de voir ses efforts aboutir au despotisme et au maintien d'une noblesse devenue parasite ; elle chavira le trône, mais conserva sa foi dans l'unité ; les montagnards traduisaient bien le sentiment national lorsqu'ils voulaient la République « une et indivisible ».

Sans la centralisation, la Convention n'aurait pas vaincu l'Europe, mais la centralisation fit payer cher ce service, elle nous valut le 18 brumaire. Dès qu'il eut mis la main sur le Pouvoir Central, Bonaparte

6.

fut le maître de la France ; il s'appliqua à renforcer cette organisation, admirable outil de pouvoir absolu qui répondait au sentiment national. On sait que ses soldats criaient au début « Vive l'empereur un et indivisible ».

La centralisation renforcée par Napoléon a facilité les révolutions successives et, par là, s'est acquis quelque défaveur dans le pays, mais surtout elle a tué l'esprit d'initiative en renforçant la bureaucratie stérilisante.

La troisième République a eu souvent des velléités décentralisatrices, elle n'a pas osé les réaliser croyant avoir besoin de la concentration pour résister aux assauts des réactions. Aujourd'hui, beaucoup de Français voient surtout les défauts de la centralisation, tandis que d'autres ont conservé le sentiment des services qu'elle a rendus, et la conscience de la force qu'elle nous a donnée au cours même de la guerre ; la plupart hésitent ne sachant plus que croire parce que le sens de la relativité ne leur est pas familier.

On voit quelle place tiennent, directement ou indirectement, en une telle question l'évolution historique et la position géographique de notre pays, proie visée par toutes les invasions depuis la plus haute antiquité.

LA THÉORIE RÉGIONALISTE. — Mais, disent aussitôt les régionalistes, nous ne voulons toucher ni à l'unité politique, ni à l'unité nationale, nous voulons seulement le régionalisme administratif et économique.

— Nous allons voir, mais déjà nous avons acquis ce point que la France doit se tenir en garde contre tout ce qui affaiblirait son unité nationale.

Ecoutez cependant ce que disent certains régionalistes :

« Le Régionalisme, écrit M. de l'Estourbeillon, c'est « le droit absolu pour les divers territoires du Pays « de s'organiser et de s'administrer eux-mêmes selon « leurs affinités, leurs besoins, leurs traditions et leur « caractère, à l'aide d'une autonomie morale et admi- « nistrative reconnue.

« Faute de cette autonomie il peut y avoir d'utiles « réformes, mais elles demeureront incapables de « procurer au Pays cette renaissance de vie nouvelle « dont il a besoin. »

« Ce qui nous prouve l'insuffisance de telles ré- « formes, c'est qu'elles laissent les diverses parties « du pays inorganisées. »

Je connais trop, personnellement, les sentiments de mon honorable compatriote breton pour élever le moindre doute sur son patriotisme, mais il ouvre la porte à des conséquences qu'il ne prévoit pas ; je l'ai cependant rencontré à un Congrès Régionaliste où furent exposées les théories les plus étranges ; il les repousse, j'en suis certain, mais quel frein positif leur trouvera-t-il avec l'absolue autonomie morale et administrative qu'il réclame. L'autonomie morale n'aaucun sens si elle ne comprend pas l'autonomie politique. Sommes-nous disposés à l'admettre ? Alors disons-le.

M. Hennessy s'en tient à l'administration, et M. Clémentel s'en tient aux questions économiques. En prononçant le mot de Régionalisme, on est donc loin d'entendre la même chose.

Prenons pour guide le rapport déposé par M. Hennessy au nom de la Comission d'Administration générale de la Chambre.

« Les réformes, dit l'auteur, doivent être faites « successivement ; avant d'entreprendre la réforme « des circonscriptions, des communes, des cantons, « des arrondissements, des départements, avant de « consacrer leur *autonomie administrative* (?), il im- « porte de créer des circonscriptions administratives plus vastes qui seront les régions.

C'est là ce qu'on appelle une pétition de principe : l'auteur commence par affirmer la nécessité des régions avant de les justifier.

Pourquoi faut-il créer des circonscriptions plus vastes ? Nous en trouverons les raisons exposées dans les brochures et les discours publiés par ailleurs. « C'est, nous dit-on, que les intérêts généraux « débordent le département de toute part, que déjà « se forment des syndicats, des associations englobant « les habitants de plusieurs départements, preuve du « jeu certain de la loi de concentration !

Mais si la prétendue loi de concentration joue à ce point, la solution idéale n'est-t-elle pas la centralisation du pàps entier?

Cela est absurde ? j'en conviens, on arrive toujours à l'absurde en tirant les conséquences extrêmes

des principes ; mais alors, s'il s'agit d'une question
de mesure, il faut établir quelle est la dimension qui convient aux circonscriptions. Pourquoi la
région plutôt que la province, plutôt que le dépar-
ment ?

Le département est trop petit, dit M. Hennessy, les
intérêts généraux le débordsnt. Quels intérêts généraux ? Si nous invisageons des intérêts généraux,
alors nous arrivons à l'autonomie politique, et l'auteur nous affirme qu'il n'en veut pas. Je ne comprends
pas très bien.

« C'est jouer sur les mots, me dit-on, il s'agit
« d'intérêts régionaux   plus   larges que   ceux
« d'un département. Le département était d'une
« dimension convenable en 1790 où les chemins de
« fer n'existaient pas, il est trop petit maintenant. » Je
ne vois toujours là qu'une affirmation pure et simple
sans preuve.

De ce que certains intérêts débordent le département, cela veut-il dire que tous le débordent, et surtout cela veut-il dire que tous le débordent dans le
même sens? Je prends quelques exemples concrets
pour me faire comprendre :

Les riverains du Rhône ont un intérêt évident à
s'entendre pour l'aménagement du Rhône, et cela
depuis le lac de Genève jusqu'à la mer. Voilà un
intérêt économique certain. Allons-nous le prendre
comme base et faire une région allant de Genève à
Marseille ? Ce serait la logique, et cependant aucun
régionaliste ne le propose ; tous divisent ce pays en

deux ou trois régions au moins. Ils nous disent que ces régions pourront s'entendre. Assurément ; mais pourquoi les départements ne le feraient-ils pas ? ils le font déjà, et il ne leur manque que de la liberté pour le faire davantage.

Quand nous aurons uni les départements sur la question du Rhône, s'ensuivra-t-il qu'ils devront aussi être unis pour la sériciculture qui a des limites tout à fait différentes, ou pour la métallurgie alors que nous savons tous que le Nord des pays riverains du Rhône est desservi par la Bourgogne, le milieu par St-Etienne, le sud par Marseille. La répartition quant à la métallurgie sera donc différente de celle quant à . la navignation du Rhône ou de celle quant à la sériciculture.

Ce même fait se reproduit partout : Nantes a tous ses intérêts fluviaux et économiques sur la Loire jusqu'à Orléans au moins ; il a ses intérêts agricoles et une grande partie de ses débouchés en Bretagne.

Mais les intérêts économiques ne sont pas les seuls. Quand nous aurons fait une cote mal taillée et fixé tant bien que mal des régions économiques, aurons-nous, du même coup, fixé l'étendue de la circonscrip-tion académique, celle de la circonscription mili-taire, celle de la circonscription judiciaire ? Créerons-nous une Université, une Cour d'appel, un Corps d'Armée par région ? Énoncer la proposition, c'est la condamner. Alors qu'y aura-t-il de changé si les régions continuent à déborder sur les voisines à toutes sortes de point de vue ? il y aura que nous aurons

substitué de grosses circonscriptions à des petites.
Pouvons-nous croire qu'elles s'entendront mieux ?
Je ne vois pas de raisons pour, j'en vois plusieurs
contre. Les intérêts d'une vaste région sont bien plus
complexes que ceux d'une petite, ils se contrarieront
l'un l'autre ; comme ces intérêts seront plus nombreux, les discussions des Conseils qui les résoudront
seront plus longues, chacun de ces intérêts sera
indifférent à une grande partie des Conseillers parceque leur Commune ou leur canton pense à autre
chose.

La solution positive, pratique, d'un tel problème
consiste à avoir autant de groupements qu'il y a
d'intérêts, et une telle solution ne peut être obtenue
que si les circonscriptions ne sont pas trop grandes.
Je désire que les riverains de la Loire puissent s'unir
pour l'aménagement de la Loire, que tous les riverains de la Seine puissent s'entendre pour l'aménagement de la Seine, parce que tel me paraît le bon
sens, mais je ne vois pour cela aucune nécessité de
lier toute la vie de Nantes à celle d'Orléans, toute la
vie du Havre à celle de Paris.

Que reprochons-nous à notre système actuel ? de
forcer nos députés à s'absorber dans les questions
locales. Alors le remède peut-il consister à forcer les
conseillers généraux à s'occuper, de leur côté, des
questions générales ? C'est prendre le contre pied de
la solution scientifique qui veut évidemment l'ordre
et non la confusion.

Le seul moyen de mettre de l'ordre c'est de confiner

les pouvoirs centraux dans le règlement des affaires nationales et de confier aux pouvoirs locaux le soin de régler uniquement les affaires locales. Les Conseillers généraux ou régionaux n'auront ni à se hausser, suivant l'expression très impropre de M. Hennessy, ni à se baisser; il n'y a aucune différence de niveau, il y a une méthode de travail.

Il ne s'agit pas d'une querelle de mots, mais d'un principe fondamental d'ordre. C'est de la confusion de tous les intérêts qu'est née cette opinion, si courante dans notre pays, que les intérêts locaux doivent être sacrifiés aux intérêts généraux ; c'est grâce à cette confusion qu'on les oppose les uns aux autres. Dans la réalité de la vie, il n'y a aucune opposition de ce genre, il n'y a aucune raison pour sacrifier une catégorie d'intérêts, sauf dans des cas exceptionnels. Il est facile de faire de l'esprit aux dépens des intérêts de clocher, mais faire de l'esprit n'a jamais été un moyen de résoudre un problème politique. Les questions de clocher, comme on les appelle, sont celles dont dépend la prospérité du pays, et si le pays est pauvre en détail, l'ensemble ne sera pas riche. C'est en totalisant la production de tous les petits champs que l'on alimente un grand pays, et si on néglige séparément chaque champ la récolte globale sera faible.

Il n'est pas vrai que les intérêts s'opposent ainsi les uns aux autres, au contraire ils se soutiennent presque toujours. Le public parisien est très mal placé pour voir la réalité de ce problème : Paris est une grande ville riche, dont les intérêts apparaissent facilement aux Parisiens comme des intérêts nationaux à cause de sa situation de capitale. Ils trouvent tout naturel que l'Etat les aide dans leurs affaires locales, mais considèrent facilement les intérêts d'une petite commune comme de méprisables questions de clocher. Cependant, si nous reconnaissons la valeur de la morale, les intérêts des petits sont aussi sacrés que ceux des grands, et il est tout naturel qu'on satisfasse les uns comme les autres. Il est bien entendu que je ne soulève pas ici une querelle entre Paris et la province, je cherche des bases scientifiques et je ne puis les trouver que dans un égal souci du bien de tous.

Paris vient d'être menacé d'une nouvelle inondation, et les souvenirs de 1910 ont éveillé des craintes légitimes. Après 1910 qu'a-t-on fait ? Un vaste projet dans lequel l'Etat supporte la plus grande part des dépenses. Personne n'a protesté contre cette affectation de l'argent du pays entier à la défense de Paris, car nous voulons tous que Paris soit défendu contre le retour des désastres de 1910, mais nous voulons aussi que les riverains de Clichy soient protégés, et de même ceux des bords de la Loire, ceux des petits villages, comme ceux des grandes villes, et il n'existe aucune raison pour que les travaux de Paris empêchent ceux de Beaugency et de Mirande.

Seulement l'expérience me suggère une réflexion, c'est que la confusion des intérêts a eu pour conséquence que les travaux n'ont pas été faits. Si Paris

Cloarec 7

avait eu seul la charge de prendre des précautions, il
est probable qu'elles seraient prises. Lorsque la question fut portée au Conseil Municipal en janvier 1919,
le rapporteur du Conseil put dire « Tout ce qui con-
cernait la ville a été fait ; mais la part de l'Etat est
restée inexécutée !» Voilà le vice du système, c'est
qu'il y ait une part de l'Etat et une part de la Ville
dans une affaire qui regarde la Ville et non l'Etat.
Assurément, il peut se faire que les dépenses d'un
travail nécessaire excèdent les ressources municipales
et que le sentiment de la solidarité nationale mène à
un secours de l'Etat ; cela peut se produire partout,
à Carpentras comme à Paris, la solution n'en reste,
pas moins claire : l'Etat doit donner une subvention
pour permettre de faire le nécessaire ; il vérifiera que
l'argent qu'il donne est bien affecté aux besoins
prévus, il se fera rendre des comptes, mais il laissera
la Ville s'occuper des affaires de la Ville. En dehors
de là, il n'y a que confusion.

Pourquoi les députés passent-ils le meilleur de
leur temps à s'occuper d'intérêts locaux, sinon parceque ces intérêts sont partout confondus avec les intérêts nationaux dans une même administration qui
enfouit les uns et les autres dans de semblables cartons verts. Toutes ces questions s'écrasent l'une
l'autre sous le poids de leur masse accumulée, toutes
sont financièrement solutionnées par une même caisse
centrale où rien n'est plus distinct et où la destina-
tion naturelle de chaque franc n'apparaît plus. Alors,
pour que quelque chose sorte du carton, pour qu'on

aboutisse à la réalisation la plus simple, il faut qu'un homme autorisé aille faire ouvrir ce carton vert ; il n'y a pas aujourd'hui d'autre homme autorisé que le député.

Tant que les choses seront ainsi, comment s'imaginer qu'un mode de scrutin va empêcher un député de rendre à sa commune ou à son département le service d'aller ouvrir le carton vert? Et tant que l'administration ne changera pas, qu'importe qu'il y ait une région, une province ou un département? Le seul moyen de mettre de l'ordre, je ne saurais trop le répéter, c'est de séparer les intérêts.

Une fois bien établi ce principe que les Pouvoirs régionaux devront s'occuper uniquement et exclusivement des affaires locales, il en découle naturellement que ces Pouvoirs devront avoir l'autorité nécés-aire pour les régler. Si l'organisme régional reste un bureau de transmission comme l'organisme départemental actuel, tous les changements ne sont que des simulacres de réforme. C'est là que se trouve la vraie raison de l'insuffisance signalée par M. de l'Estourbeillon dans les mesures prises, et non dans l'étendue territoriale de la circonscription.

Si l'organisme régional jouit d'une grande autorité, il faut que cette autorité ne puisse devenir un danger pour la paix publique; il ne faut pas qu'il puisse, en sortant de son rôle, se dresser contre la nation, et il lui faut un contrepoids permanent pour le ramener dans le bon chemin s'il s'en écarte. La M. Hennessy répond-elle à ce programme?

Imaginez-vous la France divisée en 17 régions (je prends le chiffre indiqué), et considérez celle de ces régions qui comprend, avec Paris et la Seine, 9 autres départements actuels; c'est le cinquième de la population française.

L'auteur avait envisagé d'abord un administrateur élu et un préfet placé près de lui. Essayez de vous représenter cet administrateur élu et ce préfet, calculez de quel poids cet administrateur pèserait sur la vie nationale et quelle serait la situation du préfet, simple contrôleur, près de ce chef élu ; vous pouvez vous en faire une idée atténuée, en vous rappelant les difficultés soulevées à diverses époques entre le Préfet de la Seine et le Conseil Municipal, et cependant les pouvoirs du Préfet de la Seine sont autrement forts que ceux d'un simple contrôleur. Supposez que cette région veuille réclamer son autonomie morale, comme disent les régionalistes, et demandez-vous ce que ferait le gouvernement contre une pareille puissance. Cependant M. Hennessy nous dit que cette solution « eût été selon la tendance de la plupart des membres de la Commission ». Cette Commission a donc suivi la minorité plus sage, car elle a admis que, pour le moment, il était préférable de faire administrer la région par le représentant du Pouvoir Exécutif.

Ainsi le péril n'est que différé; l'idée du représentant élu n'est que remise.

Que sera l'administrateur? « Plusieurs membres « voulaient un sur-préfet, nous dit M. Hennessy

« parce que, n'ayant pas le souci d'administrer un
« département, il aurait plus d'impartialité et de li-
« berté pour administrer la région. »

Alors que nous protestons déjà contre les retards
que nous valent les sous-préfets, nous aurions encore, en plus, des surpréfets !

La Commission n'y a renoncé qu'à moitié, elle
accepte un surpréfet, mais il sera en même temps
préfet d'un département. N'ai-je pas raison de dire
que de telles réformes ne sont que des complications
de paperasseries ?

« Mais, m'a-t on répondu, vous prenez le seul
« exemple de Paris, nous ne tenons pas à la région
« de Paris, nous l'abandonnerons, Paris sera à
« part. »

Vous voyez encore un spécimen de la méthode
dont je vous ai montré les dangers et qui consiste à
lancer une idée non solutionnée comme un remède
à une difficulté pratique constatée. Je ne saurais
donc trop répéter cette vérité de La Pallisse qu'aucune solution politique n'est scientifique, ne devrait
être examinée, que lorsqu'elle est traduite en termes
précis ; alors seulement nous pouvons la juger ;
jusque-là elle n'existe pas en politique, elle n'est
qu'une idée abstraite.

Paris séparé, les difficultés seront-elles résolues ?
Prenons une autre région, celle de Rouen par
exemple. Chacun connaît la rivalité de Rouen et du
Havre : Rouen a réussi à empêcher Le Havre d'obtenir un pont ou un tunnel pour traverser la Seine en

aval de Rouen, bien que la décision fût prise à Paris ; imaginez ce que ce serait si la décision était prise à Rouen dans une région où l'esprit est terrien, essentiellement particulariste et où la grande navigation du Havre ne rencontre que peu de sympathie. Est-il besoin de dire, que je ne fais pas le procès de Rouen ? Le Havre a essayé d'entraver Rouen autant que Rouen voulut entraver Le Havre ; les Havrais s'opposèrent à l'approfondissement de la Seine comme les Rouennais s'opposèrent à sa traversée par voie ferrée. Transportez ces luttes mesquines dans une région et imaginez ce qu'elles deviendraient.

On sait aussi comment Rouen barre la Seine par son pont de pierre qui arrête là tous les navires de mer. Paris a quelquefois eu la vélléité de devenir port de mer ; supposez que l'envie lui en prenne sérieusement, que fera-t-il en présence d'une région autonome, ou quasi-autonome, qui s'y opposera ?

Transportez-vous ailleurs, où vous voudrez, vous trouverez dans chaque région des intérêts antagonistes ; ici ce sera l'agriculture contre l'industrie, là ce sera le commerce local contre l'importation. Et nous avons tout lieu de supposer que des luttes économiques de région à région s'ajouteraient aux difficultés intérieures. L'autonomie, même simplement économique, amènerait des formes de protection que nous pouvons soupçonner si nous ne les détaillons pas. Notre France n'est ni la Suisse, ni les Etats-Unis ; elle a ses qualités et aussi ses défauts parmi lesquels, il faut bien le dire, la jalousie du voisin ; gardons-nous de rien faire contre notre unité économique. Toutes les régions, par exemple, quelles qu'elles soient, ont besoin de la mer ; il serait inadmissible qu'une région profitât de sa situation géographique pour gêner l'accès de sa voisine à la mer.

On me dira que j'ai noirci le tableau. Peut-être ; mais j'ai voulu faire toucher du doigt les tares d'une théorie empirique.

D'autre part, on nous dit : « le département est trop petit ». Pourquoi ? Parce qu'il y a des chemins de fer ? Mais, dans un grand nombre de nos départements, on ne peut aller de certaines villes au chef-lieu et en revenir dans la même journée (à moins bien entendu de posséder une automobile). D'ailleurs, l'État de Hambourg qui, en 1914, faisait un commerce égal aux 3/4 de celui de la France entière, avait une superficie égale à celle d'un arrondissement français, il considérait sa faible étendue comme une force ; Brême était dans le même cas. En France, lorsque Saint-Etienne se développa, il réclama sa séparation d'avec Lyon. La Seine, qui est le département le plus riche, le centre du pays, est aussi le plus petit de tous. N'est-il pas évident que si Paris tête d'une région serait dangereux, Paris de son côté, aurait à souffrir de se trouver noyé dans une circonscription où dominerait une majorité de banlieusards ou de ruraux ? Cette question n'est pas du tout aff.ire d'étendue, c'est une question politique, c'est-à-dire pratique et historique.

Posons-nous en face du problème scientifiquement, c'est-à-dire en vue d'une solution efficace.

Nous sommes trop centralisés, nos provinces voient toute leur vie arrêtée par la bureaucratie siégeant à Paris. Eh bien ! le remède c'est de décentraliser et de ne plus amener à Paris les affaires strictement provinciales, mais en nous gardant de tout ce qui pourrait affaiblir notre unité nationale.

Ce n'est pas tout ; nous avons trop de paperasseries. — Eh bien le remède, c'est d'en supprimer la nécessité. — Comment ? — En substituant le plus possible l'administration directe à l'administration bureaucratique. — Qu'est-ce que cela veut dire ? — Que nous devrons laisser à chaque élément le maximum de liberté dans sa sphère : Laisser la commune régler les affaires communales, le département ou la région, régler les affaires départementales ou régionales, mais les cantonner strictement dans leur rôle. Cela veut dire encore que nous devrons organiser les choses de manière que l'administrateur soit aussi près que possible de l'administré sans être cependant trop sous sa dépendance directe afin qu'il puisse aller rapidement sur toute l'étendue de sa circonscription et régler lui-même sur place les questions.

Si l'administrateur ne peut pas aller voir et donner des ordres sur place, tous les éléments d'appréciation lui arrivent par des papiers ; pour qu'il y en ait assez, il en faut trop. Voir et décider sur place sans papiers est le seul moyen de bien administrer, car c'est le seul moyen qui permette d'aller vite, et de prendre des décisions pratiques, conformes aux besoins variés de la réalité ; juger sur papiers, c'est se condamner à juger sur des formules, d'après des précédents plus ou moins semblables, c'est à-dire à juger rigidement et souvent à faux.

Décider sur place exige une circonscription pas trop grande. Une circonscription étendue force à multiplier les intermédiaires : les surpréfets, les préfets, les sous-préfets, etc...; la Conception d'une division de la France en 17 régions aboutit, en fait, à multiplier par 17 notre paperasserie, à créer 17 grandes machines comparables à nos Ministères, machines où tout s'entassera dans des cartons, qui seront peut-être devenus bleus ou rouges, mais seront des étouffoirs comme les cartons verts.

La région, telle que nous la présente M. Hennessy, est une conception théorique et non une conception de politique pratique, elle s'appuie sur une opinion empirique, non sur une observation positive. Et la preuve, c'est que le rapport qui la préconise commence par affirmer sa nécessité, puis détaille ensuite son organisation sans préciser les limites de ses attributions qui sont, cependant, la seule chose qui importe et doit servir de base à sa constitution rationnelle.

Cette région est à la fois trop petite et trop grande : trop petite parce que son administration comporte des rouages d'Etat beaucoup trop compliqués pour son étendue, elle est comme une petite affaire qui serait grevée d'énormes frais généraux ;

trop grande parce qu'on ne peut l'administrer directement et qu'elle exige la paperasserie d'un État ; trop grande parce que les erreurs de ses gouvernants, leurs passions, ont une répercussion trop forte sur le pays entier. Un département qui se trouverait momentanément égaré par un homme ambitieux ou un courant d'idées subversives ne risquerait pas de compromettre l'unité nationale, une région comprenant 1/17 de la France deviendrait un danger dans les mêmes circonstances.

De plus, une circonscription de faible étendue se prête merveilleusement aux expériences politiques ou sociales. Si elle se lance dans l'inconnu et y échoue, son insuccès n'a pas une répercussion trop grave sur l'ensemble de la nation ; si elle réussit, son succès gagne de proche en proche ; plus la circonscription est petite, plus on peut lui laisser de liberté.

Tout ceci nous amène à conclure que, somme toute, le département reste une circonscription d'une étendue convenable, je dirai même la plus convenable dans la France contemporaine, ce qui ne veut pas dire, naturellement, que toute l'organisation départementale soit parfaite. Ce qui est critiquable dans cette organisation, c'est la rigidité qu'y ont introduite ses auteurs et que compensait jusqu'à un certain point la liberté laissée aux départements par le Directoire, liberté supprimée par Bonaparte et que nous n'avons pas encore regagnée. C'est ainsi, par exemple, que le chef de l'administration était un directoire élu, et non un préfet nommé comme à l'heure actuelle. Ajoutons que cet éparpillement de l'autorité avait rapidement amené le désordre financier et une sorte d'anarchie gouvernementale.

On critique avec raison que, dans nos départements, le souci de l'étendue territoriale ait dominé, qu'on ait cherché à avoir des circonscriptions de même superficie sans se préoccuper suffisamment des contingences ; on a critiqué encore, avec raison, la rigidité de l'organisation, chaque canton ayant tels fonctionnaires, chaque arrondissement tels autres, chaque département les mêmes rouages. Pourquoi, obligatoirement, un sous-préfet dans un arrondissement presque désert, un tribunal formé de trois juges dans chaque arrondissement, une Cour d'assises dans chaque département et ainsi de suite pour chaque branche de l'Administration et de l'activité humaine ?

On sent là la production d'esprits scientifiques, mais scientifiques comme on pouvait l'être en 1790, c'est-à-dire mathématiques. La notion de la science sociale et de la hiérarchie des sciences ne pouvait exister à ce moment. Aujourd'hui, que veulent, au fond, les régionalistes, sinon renforcer le même système en agrandissant simplement le cadre ; ils tentent de faire rentrer dans la région, en l'agrandissant, toutes les manifestations de la vie nationale, et ils y ajoutent cette effarante création des surpréfets. Dans chaque région ils veulent l'unité judiciaire, l'unité administrative, l'unité économique ; si ce n'est pas cela, la région n'a plus de sens du tout.

Pour comprendre à quel point cette création serait factice, il suffit de voir les difficultés que le rapporteur trouve à fixer l'étendue des régions. « L'idée de « fixer la division régionale par la loi séduisait la « Commission, nous dit-il, il lui apparaissait qu'il « appartenait à la loi de fixer les limites des circonscriptions nouvelles ». Sur quelles bases les auteurs de projets arrêtaient-ils leurs choix ? les uns sur les circonscriptions militaires actuelles, d'autres sur les anciennes provinces, d'autres encore sur les décisions d'un aréopage de géographes. De sorte que, à chaque démonstration de l'impossibilité de l'une ou l'autre solution, les partisans pouvaient répondre : « mais nous ne tenons pas à cette solution, il y en a « d'autres. »

Devant cette difficulté la Commission a reculé et son rapporteur a dû traduire ses incertitudes : « Délimiter les régions est certes une œuvre com- « plexe, écrit-il. Aucun d'entre nous ne le méconnaît, « cependant elle n'est pas aussi difficile que certains « le prétendent et, appuyée par le mouvement d'opi- « nion publique qui grandit constamment, la déli- « mitation, sauf sur quelques points litigieux, sera « relativement aisée ».

Le mouvement d'opinion est purement superficiel et mal traduit. L'ensemble du pays n'a aucun désir d'un tel bouleversement qu'il ne comprend pas. Son seul désir c'est la décentralisation, c'est l'accroissement des libertés locales ; les régionalistes, en y voyant une approbation de leurs théories, font une confusion de mots ; le lien qu'ils établissent entre la décentralisation et la région n'existe pas, je dirai même que la solution qu'ils offrent va contre la décentralisation, puisqu'ils se contentent de superposer un rouage à ceux qui existent et incitent les Conseils régionaux à se hausser à la compréhension des intérêts généraux, c'est-à-dire à s'occuper de ce qui ne les regarde pas. La plupart de ceux qui les suivent ne le font que par un malentendu, fruit de notre empirisme politique.

Le rapporteur a bien raison de dire que la delimitation des régions est difficile. Prendra-t-on pour base la région militaire ? les régions militaires sont établies sur des considérations de nombre des recrues qui se justifient parfaitement en matière militaire, mais n'ont rien à voir avec les raisons politiques ou économiques

Les provinces semblent avoir pour elles une base historique, il n'y a là qu'une apparence. « Il est douteux, écrit fort justement M. Lavisse, que certaines « provinces aient jamais été autre chose que des « expressions géographiques, qu'elles aient eu en « aucun temps une personnalité véritable. En 1789 « celles qui avaient été jadis les plus vivantes se « trouvaient depuis longtemps énervées, disloquées, « soit par l'action du pouvoir, soit par des dissen- « sions intestines. » L'ancienne organisation n'avait aucun sens administratif comparable à celui que nous imaginons : Elle ne reposait, sauf exception, ni sur une communauté de race, ni sur un concept économique ; elle était le fruit du hasard, tous les services chevauchant l'un sur l'autre sans autre règle que la date de réunion à la Couronne ou les Commodités d'un bénéfice nobiliaire. Certaines villes étaient complétement séparées, sans raison apparente, de tout le pays avoisinant. « Mauléon, disent en 1789 les campagnards de la région, nous est aussi étranger que s'il était en Turquie.

La Bretagne seule avait conservé une Constitution provinciale solide, bien que fortement ébranlée par les efforts et quelquefois les manques de parole de la royauté ; il y avait quelques autres provinces d'Etats, c'est-à-dire ayant des assemblées provinciales, mais la plus grande partie de la France était amorphe ; les pays d'élection avaient une organisation déjà centralisée. Par ailleurs, la France formait 40 gouvernements, et 36 généralités ou intendances qui n'avaient pas mêmes limites ; l'organisation religieuse, fort importante dans l'ancien régime, avait, elle aussi, ses frontières distinctes : 19 diocèses ou fragments de diocèse relevaient de métropolites étrangers ; la Bretagne dépendait de l'archevêque de Tours dont elle n'acceptait d'ailleurs pas l'autorité, menaçant sans cesse la papauté de schisme si on voulait la contraindre à l'obéissance. Au point de vue du droit, le Nord était pays coutumier, le Sud pays de droit écrit, mais certaines provinces étaient partagées entre l'un et l'autre système.

Aujourd'hui certaines coutumes provinciales, certaines affinités ont bien persisté, mais le lien provincial est tellement rompu que sa reconstitution n'éveillerait qu'une inquiétude générale, elle apparaîtrait comme une tentative de réaction et ne trouverait d'écho que dans le petit clan qui penserait y trouver un moyen de reprendre une influence politique et sociale évanouie ; ce en quoi ce clan se trompe, car on ne remonte pas plus l'histoire qu'un fleuve ne remonte son cours.

Même en Bretagne, la plus solide de nos provinces, la masse ne désire nullement la reconstitution de la province. La plus grande ville de Bretagne, Nantes, dirige ses ententes vers l'Anjou, beaucoup plus que vers les départements bretons, à tel point que, dans une reconstitution par région, elle désirerait être avec les riverains de la Loire et non avec la masse bretonne.

Quant à la délimitation des régions par un aréopage de géographes, elle apparaît avec une auréole de science; il n'y a là qu'une apparence : la géographie n'est qu'une partie de la science politique, pour le démontrer il suffit de rappeler que c'est cet aréopage qui a proposé la région de Paris englobant dix départements, conception dont j'ai montré l'immense danger national.

Aussi, finalement, la commission se borne-t-elle à rejeter la difficulté sur le Conseil des Ministres ; elle demande de « charger ce Conseil de fixer les limites « de la région et de désigner son chef-lieu par un « décret pris après un avis du Conseil d'Etat. Ce « dernier, avant de donner son avis, devra consulter

« tous .les groupements organisés : Conseils géné-
« raux, conseils d'arrondissement, conseils munici-
« paux, chambre de Commerce d'Agriculture, d'Arts
« et métiers, syndicats professionnels et associations
« de tous genres. Enfin les particuliers pourront faire
« connaître leur avis, la presse locale et régionale
« pourra discuter la division, de telle sorte que l'opi-
« nion publique se manifestera suffisamment.

« De plus, il sera loisible aux électeurs de chaque
« arrondissement, par voie de pétition, de protester
« contre l'incorporation de cet arrondissement dans
« une région et de demander son incorporation dans
« une autre. Un décret statuera.

« Il n'a pas paru possible de donner aux électeurs
« un droit intégral de décision et de contraindre le
« Conseil d'Etat à entériner toutes les protestations,
« car il aurait pu se faire que des pétitions, en oppo-
« sition les unes avec les autres, rendissent complè-
« tement impossible le tracé de la carte régionale. »

J'ai tenu à citer ce passage caractéristique dont la
dernière phrase traduit un peu naïvement le désarroi
des idées de la Commission, elle constitue une reconnaissance formelle de tout ce qu'il y a de factice dans
la conception régionale.

Je ne mets nullement en doute les excellentes intentions de la Commission, mais elle aurait voulu
monter une machine à détraquer le pays, à créer
des discussions interminables, à fausser toute la vie
politique, elle n'aurait pu mieux faire. Ces bouleversements apportés dans la vie journalière sont

ceux qui troublent le plus les habitants paisibles ;
on peut être certain de la passion avec laquelle de
telles questions seraient discutées, elles primeraient
tout, et la force vive du pays s'épuiserait dans ces
discussions byzantines. Et tout cela pour savoir, en
fin de compte. si les papiers de la préfecture passe-
ront par la surpréfecture A au lieu de passér par la
surpréfecture B avant d'aller s'enfouir dans les cartons parisiens ! Il semble vraiment que nous avons
d'autres affaires plus sérieuses à régler et que nons
n'avons pas besoin de ce nouveau ferment de divisions
intestines.

Le département. — Qu'est-il besoin de tant de
complications pour donner á la population la liberté
qu'elle demande ? Elle est habituée aux départements depuis 125 ans, elle a lié des relations entrées
dans les mœurs, elle n'a aucun désir de les changer.

La plupart des questions locales sont du ressort,
non pas même du département, mais de l'arrondissement ; il peut cependant y avoir intérêt à en confier le
règlement á un administrateur d'une certaine enver-
gure et soustrait à la pression directe de la localité :
Le préfet de nos départements actuels me paratt répondre à ce juste milieu qui est la vérité politique
en toutes choses ; il n'est pas trop loin, il n'est pas
trop surchargé, et, d'autre part, il a assez de recul et
de moyens d'action pour bien juger.

Cela ne veut pas dire qu'il n'y ait aucun changement possible dans l'étendue de nos départements
actuels. On cite constamment l'exemple des Basses-

Alpes comme preuve de la nécessité d'un changement ; Si le département des Basses-Alpes est trop petit, ce n'est pas une raison pour augmenter celui du Nord, c'est simplement une raison pour augmenter celui des Basses-Alpes. En réalité, quelques départements sont trop petits parce que la population y est clairsemée, mais d'autres départements sont trop grands, pour diverses raisons ; la majorité est de dimension parfaitement convenable.

Quelle est la marche scientifique a suivre pour déterminer cette dimension ? Préciser d'abord la liberté maxima qu'on peut laisser à la circonscription, puis vérifier si l'étendue de la circonscription, correspond à l'exercice de cette liberté.

Partout où existe un très grand centre, bien loin de vouloir en faire la capitale d'une région étendue, il y a intérêt à lui laisser la plus grande liberté d'action en restreignant son territoire. Les intérêts d'une grande cité sont très spéciaux, très différents de ceux de la campagne environnante, et c'est avec beaucoup de bon sens que les départements de la Seine, du Rhône et de la Loire sont les plus petits de France ; on ne peut que regretter qu'il n'en soit pas de même à Marseille, au Havre, à Nantes et á Bordeaux. Loin de les entraver dans leur développement, cette limitation de territoire fait rentrer dans la sphère d'action des grandes villes toutes les circonscriptions environnantes pour tout ce qui est du ressort de chaque grande ville. Le port de Marseille, par exemple, dessert tout le Sud-Est de la France et a des relations lointaines jusque dans les pays étrangers ; il est contraire à la doctrine positive de lier son sort à une seule province qui risque de l'écraser ou d'être annihilée par les seules préoccupations maritimes de ce grand marché. Le Havre fait autant, sinon plus, d'affaires pour Paris que pour la région qui l'entoure ; son autonomie administrative est le gage de son développement.

Quant aux questions qui débordent sur plusieurs départements, il suffit de laisser aux départements le droit de s'entendre avec qui il leur plaît, sans leur imposer cette entente à tort et à travers dans des domaines où elle n'a que faire. De ce que l'on doit s'associer sur certains points, il ne s'ensuit pas qu'on doit fusionner son existence avec son voisin ; la vie est faite d'échanges et de contrats pour les régions, comme pour les nations : la liberté consiste à choisir telle ou telle combinaison suivant les circonstances, à en sortir librement le jour où le but cherché en commun est réalisé, ou lorsque l'expérience a montré qu'il ne pourrait être atteint. Un même département peut ainsi s'entendre avec quatre cinq, dix groupes différents de départements pour des buts différents ; avec les uns pour la création d'un chemin de fer, avec d'autres pour un canal, avec d'autres encore pour l'élevage, pour le commerce des draps, etc.

En dépit de ses apparences, le régionalisme actuel tend à renforcer l'esprit bureaucratique : « le dé-« partement, l'arrondissement, la commune, écrit

« textuellement le rapporteur, conserveront leurs
« administrations sous la surveillance des agents
« directs du Pouvoir Central, et par cela même,
« se trouve réduit le rôle des Conseils régionaux »,
Cela revient à dire qu'il n'y aura pas de réforme,
mais une simple aggravation de la bureaucratie. Or,
c'est là le chancre qui nous ronge ; si on le laisse
subsister, tout le reste n'est rien.

Pour continuer l'étude de la réforme administrative
telle qu'elle doit être scientifiquement examinée,
voyons ce que doivent être les administrateurs de la
région.

L'assemblée de 1790 avait laissé aux départements
l'élection de leurs administrateurs ; il en était résulté
un grand désordre. Les Français ont trop l'habitude
de se tourner sans cesse vers l'Etat pour que, du
jour au lendemain, on puisse supprimer toute intervention de l'Etat dans leurs affaires locales. Je partage donc l'avis de la Commission sur l'utilité au
moins provisoire des préfets, mais j'estime qu'elle
n'insiste pas assez sur le rôle des Conseils Généraux.

Le but à réaliser scientifiquement, c'est de trouver
une combinaison de ces deux Pouvoirs locaux qui
assure la liberté de la vie locale et, en même temps,
maintienne une certaine uniformité de vie nationale.
Ce but ne paraît pouvoir être atteint que par l'instauration d'une sorte de gouvernement constitutionnel
où le préfet jouerait le rôle de chef du Pouvoir exécutif, étant bien entendu, une fois de plus, qu'il ne

s'agit pas de pouvoir politique mais de questions locales. La réforme doit essentiellement consister dans le fait que ces questions seront définitivement réglées au chef-lieu du département et non plus à Paris. Je ne verrais même aucune absolue nécessité à ce que les rouages fussent identiques dans tous les départements pourvu que le principe général de la dualité fût respecté. Dans un département, le Préfet pourrait choisir ses délégués faisant fonctions de ministres au petit pied, dans un autre ces délégués pourraient être nommés par le Conseil, et je verrais fort bien une revision périodique de la Constitution intérieure accomplie d'un commun accord à intervalles fixés d'avance, par exemple tous les dix ans. De même, ces délégués pourraient, suivant le cas, être des sortes de ministres responsables, ou bien n'être que des contrôleurs ayant un contre-seing obligatoire, l'exécution restant aux mains du Préfet dans toutes les combinaisons.

La présence d'un fonctionnaire à la tête du Pouvoir exécutif local assurerait l'unité administrative générale et l'unité politique ; d'autre part, la sanction du vote du Conseil général, pouvant aller jusqu'à l'obligation pour le Préfet de démissionner, assurerait la liberté locale. Tout préfet ainsi démissionnaire pourrait être renommé ailleurs, car il serait entendu que, sauf cas exceptionnels, il s'agit simplement d'un désaccord qui ne nuit pas plus à la considération de l'homme que ne nuit aujourd'hui à la considération d'un ministre un vote de défiance de la

Chambre. Le préfet serait nommé pour 7 ou 9 ans, par exemple, avec faculté de prolongation d'une demi-période, après quoi il devrait être déplacé pour éviter la routine.

L'initiative dont jouirait un tel fonctionnaire serait de nature à séduire des hommes d'action et à satisfaire une légitime ambition : un préfet prendrait à cœur de développer son département en sachant que son nom resterait attaché à tel ou tel progrès. Le rôle des Assemblées départementales deviendrait aussi plus attrayant et suffirait à l'ambition de beaucoup d'hommes de valeur attachés à leur département par des liens assez forts pour les y retenir. Il devrait être interdit de cumuler le mandat de Conseiller général avec celui de député ou de sénateur.

Le Préfet administrerait, en même temps et directement, le domaine de l'État rendu nettement distinct du domaine départemental et, pour cette partie de sa tâche, il serait sous le Contrôle du Pouvoir Central.

Que deviendrait alors le statut des fonctionnaires ? Les militaires et les magistrats conserveraient leur situation actuelle, mais la plupart des autres fonctionnaires relèveraient désormais du seul préfet, car autrement celui-ci serait sans autorité ; certains devraient continuer à faire partie d'un cadre national ; le département étant trop petit pour leur assurer une carrière complète, ils seraient mis à la disposition du Préfet qui pourrait les renvoyer sans pour cela que leur carrière fût brisée. Un statut personnel assureraît leur avenir à ces fonctionnaires dont le nombre pourrait être très restreint, car il serait aujourd'hui facile, dans beaucoup de chefs-lieux, de trouver des hommes capables de remplir la plupart des emplois avec une situation analogue à celle faite aux architectes municipaux. Le contrôle administratif de l'Etat continuerait à s'exercer sur la marche régulière des services au moyen de fonctionnaires d'Etat peu nombreux dont les rapports seraient communiqués aux Conseils généraux.

Je donne cette organisation, non comme une solution *ne varietur*, mais comme un type de solution possible : chaque point répond directement à un défaut à corriger et les conceptions *a priori* sont soigneusement exclues.

Le rapporteur s'inquiète de savoir si certains départements seront démantelés et les arrondissements répartis entre d'autres régions ; il nous dit que certains de ses collègues voulaient même faire une nouvelle répartition des cantons et des communes, mais y ont renoncé parce que « l'arrondissement est une unité administrative, le canton ne l'est pas ». Cet argument n'a de valeur que si on ne modifie pas l'organisation générale ; le transfert d'un canton d'un arrondissement à un autre est une bien petite chose à côté du bouleversement imaginé. Si on refait la carte de France, on ne voit pas pourquoi on s'arrêterait à d'aussi petites considérations et pourquoi on maintiendrait un canton là où il n'aurait pas intérêt à être.

Tout ceci fait, le rapporteur conclut en disant que la Région ne pourra imposer ses décisions à personne, « c'est par voie de transaction que le Conseil régional « reprendra les éléments de son action ». Cette phrase trahit les profonds dissentiments qui se sont produits au sein de la Commission, le manque d'accord complet sur cette prétendue réforme qui n'aboutit qu'à créer un organisme parasite ne répondant à rien. Le Conseil Régional serait une grande Commission de plus à ajouter aux innombrables Commissions qui énervent chez nous toute action.

La Représentation Professionnelle. — Comment sera composée la représentation de la région ? Il semblait désirable, dit le rapporteur, « d'admettre à la « discussion des intérêts régionaux, qui sont des « intérêts économiques, les représentants des grou- « pements économiques de la région ». Mais comment trouver « une solution équitable ? Comment « doser la part de chaque syndicat, de chaque asso- « ciation ? Le droit de s'associer n'est qu'un droit, « non une obligation, il peut se constituer un « nombre illimité de syndicats ; des syndicats patro- « naux et des syndicats ouvriers représentant des « intérêts d'importance égale peuvent différer par le « nombre de leurs adhérents. Les Chambres de Com- « merce représentent l'élément patronal et surtout « la grande industrie et le grand commerce, les « Chambre d'Agriculture, dont les membres sont « nommés et non élus, n'existent pas partout... Votre

« Commission fut unanime à décider que les membres
« du Conseil Régional devraient tenir leurs pouvoirs
« de l'ensemble du corps électoral ». Ce principe
établi, le rapporteur proposa, dit-il, à la Commission
d'introduire des représentants du Suffrage Universel
organisé par catégories professionnelles, il développa
cette théorie que cette organisation était un principe
vital ; mais ses arguments ne parvinrent à convaincre aucun des membres de la Commission et
celle-ci s'arrêta à la nomination par les Conseils
généraux. La Commission doit être félicitée de ne
pas s'être laissée entraîner dans cette conception de
la représentation professionnelle. Il n'existe pas de
principe politiquement plus faux, c'est-à-dire plus
irréel. Les professionnels en corps et les délégués de
professions sont les moins aptes de tous les citoyens
à résoudre les questions, même économiques. C'est
une illusion de croire qu'une assemblée élue au titre
professionnel soit qualifiée pour légiférer sur des
intérêts communs ; rien n'est plus étroit qu'un
mandat professionnel, et des élus professionnels
réunis dans une assemblée défendraient exclusivement les intérêts de chaque profession, qui sont tout
autre chose que les intérêts de la région ou du
pays. Ces intérêts se heurteraient et ce heurt mènerait soit à des coalitions de certains métiers contre
les autres, soit à un régime de compromission où
l'intérêt du public ne compterait guère. Si, de plus,
cette assemblée comprenait des représentants mandataires spéciaux des employeurs et des employés,

Cloarec   8

la lutte prendrait des proportions qui pourraient devenir dangereuses pour l'ordre public.

Cette conception provient d'une confusion, d'une insuffisante définition des mots. Le professionnel n'est pas un économiste ; de ce que la prospérité des professions intéresse la science économique, il ne s'ensuit nullement que le professionnel entende rien à cette science, de même que le métier de maçon qui « intéresse fortement un architecte n'implique pas la connaissance des régles de l'architecture. Un professionnel peut être un économiste, mais ce sera individuellement, le corps organisé de la profession ne le sera jamais.

Les assemblées professionnelles ont un rôle considérable à jouer, mais à la condition de rester consultatives avant la discussion d'une loi, appliquantes après le vote ; elles ne doivent et ne peuvent agir efficacement que dans le cercle étroit de la profession. Il ne peut y avoir de plus grande cause de désordre que de faire entrer la représentation professionnelle dans la politique, c'est faire entrer dans le domaine positif de la profession tout l'empirisme de la politique actuelle et les divisions résultant des opinions. En dehors même de cette considération, c'est restreindre toutes les questions à un protectionnisme étriqué de métiers.

Rien n'est plus utile que la discussion des intérêts et tous auraient avantage à la réunion de grands conseils des métiers, mais laissons chaque chose à sa place ; de ce qu'une assemblée a été utile pour régler certains détails, n'en tirons pas la conséquence qu'elle est apte à résoudre les problèmes généraux ; l'angle sous lequel les questions sont vues dans une assemblée professionnelle est tout différent de l'angle sous lequel ces questions apparaissent en science politique.

Nous sommes tous d'accord sur la nécessité d'appeler aux assemblées régionales des hommes compétents dans les questions économiques, mais il ne faut pas confondre compétent et professionnel, ce n'est pas du tout la même chose ; rien n'est plus funeste dans la vie politique que de telles confusions dues toujours à la même erreur déjà signalée plusieurs fois. Que veut dire compétent ? cela veut dire capable de régler la question en cause. Lorsque vous substituez professionnel à compétent, vous remplacez un sens par un autre et votre raisonnement devient faux.

Après avoir affirmé que la Région est ut usurt-organisme économique, le rapporteur pose laquesntion des attributions des Conseils Régionaux.

« La Région aura la personnalité civile ; elle « devrait, d'une part, pourvoir à l'administration de « tous les services publics qui dépassent le cadre « départemental, de l'autre décharger l'Etat de ceux « qui le congestionnent. » Voilà qui nous porte bien loin des discussions économiques et montre l'imprécision de l'idée directrice.

L'ENSEIGNEMENT PROFESSIONNEL. — L'enseignement général restera à l'Etat, dit M. Hennessy, ce qui, déclare d'autre part M. de l'Estourbeillon,, autre régionaliste notoire, est la mort du pays, la base de tout enseignement primaire devant être l'inculquation de sentiments régionalistes.

« Il en va tout différemment de l'enseignement « technique et artistique ; l'Etat ne peut développer « l'enseignement technique. Certes, il peut et doit « conserver les Ecoles nationales supérieures, mais « elles sont pour le petit nombre. L'Etat débordé « s'enferme dans un rigorisme étroit et n'a pas la « souplesse nécessaire pour modifier ses méthodes « dans l'enseignement technique .. L'agriculture du « Danemark, de la Belgique, de la Hollande s'est « développée d'une façon merveilleuse parce qu'ils, « ont concentré leurs efforts, spécialisé et industria- « lisé leur culture, élevé et nourri leur cheptel d'une « façon rationnelle ».

Si ces divers pays ont réussi en concentrant leurs efforts, pourquoi devons-nous éparpiller les nôtres ? En matière de culture, il est malheureusement bien difficile de faire accepter le progrès par nos campagnards, d'eux-mêmes ils vont peu à la science agricole ? Les départements, les Communes ont le droit d'avoir des écoles d'agriculture ; combien existe-t-il d'écoles en dehors de celles créées par l'Etat ? Encore une fois, ne nous payons pas de mots et reconnaissons que les professeurs départementaux d'agriculture nommés par l'Etat forment encore le plus clair de notre enseignement agricole. Un professeur par département, c'est bien insuffisant ; c'est par arron-

dissement où même par canton, voire par commune,
que nous devrions avoir un professeur d'agriculture ;
un organisme régional ne pourrait qu'éloigner du
paysan ce professeur unique déjà trop lointain. Ce
n'est pas dans la tradition locale, c'est dans la
science moderne que le cultivateur doit puiser ses
inspirations, sauf bien entendu à les adapter, non
pas à la région, mais à chaque terre, car dans une
même commune on rencontre cent terres différentes.
Ce qui nous manque ici, c'est l'esprit moderne et
non le sens provincial.

Pour l'enseignement artistique, il y a, certes, tout
intérêt à faire revivre l'art régional ; il est très exact
de dire que l'art se revivifie au contact du terroir,
mais est-il besoin de bousculer toute l'organisation
administrative pour créer des cours de dessin dans
nos départements ? Si l'art s'est centralisé à Paris, il
serait exagéré de dire qu'il est mort en province ;
certains peintres savent bien que l'air du terroir est
utile et vous en trouverez qui se sont fixés dans
beaucoup de nos villes de province, des céramistes
de talent se sont développés en Bretagne, dans le
Limousin, à Nancy ; en architecture l'école de Nancy
a été le précurseur de l'art moderne. Un enseignement artistique n'a pas beaucoup de rapport avec la
création de groupements économiques ; si on doit le
particulariser, c'est par province ou par pays car
des pays très voisins ont une tradition artistique
toute différente qui tient à la race et au sol. La concentration des artistes à Paris relève d'un phéno-

mène tout différent des choses administratives :
l'attraction exercée par Paris sur les gens riches de
toutes nations qui fait que les artistes trouvent à
Paris beaucoup plus facilement qu'ailleurs la rémunération de leurs talents. Le moyen de développer
l'art local, c'est de développer le tourisme qui mè-
nera les gens riches dans les provinces où ils iront
voir l'artiste. Sous cet angle, tout le provincialisme
est très intéressant : les mœurs, les costumes attirent
des touristes en même temps qu'ils attachent l'habitant au sol, mais ces considérations sont complètement distinctes d'une réorganisation politique.
L'organisation de régions serait ici plus nuisible
qu'utile, car les pays garderont bien plus facilement
leur originalité dans un département que dans une
région. Considérez le département du Finistère, par
exemple, l'un des plus pittoresques : les populations
du Nord y sont complètement différentes des populations du Sud, celles de l'Est de celles de l'Ouest ;
quelquefois l'originalité se cantonne à une Commune,
les marins de Douarnenez sont très différents de
ceux de Camaret ou de Roscoff, les paysans de
Plougastel ne ressemblent pas à ceux de Fouesnant.

En ce qui concerne l'enseignement technique, on
peut faire des observations analogues et même plus
précises, la spécialisation à une profession ne s'étend
pas à une région, mais quelquefois à une seule ville
ou même à un quartier.

On voit bien que derrière cette théorie se cache la
question de l'enseignement d'État, mais c'est une

tout autre affaire ; nous retrouvons la confusion des idées que je ne cesse de dénoncer.

L'ASSISTANCE SOCIALE. — Le rapporteur évoque ensuite l'assistance sociale. Certaines des œuvres d'assistance, dit-il, doivent rester aux communes et aux départements. « Tout au contraire, celles qui « s'appliquent à un nombre restreint d'individus et « pour lesquelles des fondations interdépartementales « ont été créées tombent dans le domaine de la « région. » N'est-ce pas la meilleure démonstration que la région est parfaitement inutile à de telles œuvres puisqu'elles ont réussi à se créer malgré le peu de liberté départementale ; il suffit d'augmenter cette liberté.

LES TRAVAUX PUBLICS. — La grosse question est évidemment celle des Travaux Publics. Le rapporteur critique, avec raison, nos archaïques moyens de transport, nos voies ferrées, nos canaux, nos fleuves. Sur la partie critique il est même resté modéré. L'Etat, ajoute-t-il, endetté, manquera de ressources et, comme dans le passé, la jalousie des compétitions s'opposera à la conclusion rapide des travaux. De là il déduit que la Région remédiera au mal. Pourquoi ? Que ce soit la Région ou l'Etat qui construise, il faudra de l'argent, il faudra donc imposer le contribuable ou avoir recours à l'emprunt. L'argent ira dans la caisse régionale au lieu d'aller dans la caisse nationale ; y sera-t-il mieux traité ? Je n'en vois pas la raison si nous conservons les mêmes méthodes, la même administration, si on se contente de faire régler par des Conseils transportés dans la Région les questions traitées par des Conseils parisiens. S'il y a 17 régions, il y aura 17 Conseils au lieu d'un voilà tout. Quant à la jalousie, si elle réussit à se manifester dans un grand tout comme la France où l'esprit général peut quelque peu la neutraliser, elle se fera bien plus facilement jour dans une région plus petite. La lutte entre Rouen et Le Havre ne sera pas moins âpre si elle se fait à Rouen au lieu de se faire à Paris ; au contraire. — En revanche, on n'aura plus la lutte entre Le Havre et Marseille, et ce sera déjà quelque chose. — Soit, mais cette lutte est beaucoup moins vive que la première parce que les intéressés sentent moins les points de contact. Si nous voulons une réforme, ce n'est pas pour obtenir d'aussi faibles résultats, c'est pour substituer l'union à l'opposition, et ceci ne peut être obtenu que par des mesures plus profondes et plus conformes à la science politique.

« Le réseau routier, nous dit le rapporteur, conti- « nuera à être administré par l'Etat, le département ou les communes, mais on y ajoutera un réseau régio- « nal. » Ainsi, alors que nous protestons contre la complication de notre système, on songe à nous doter d'une quatrième administration de routes !

« Les chemins de fer départementaux ont été sou- vent mal conçus ou fonctionnent imparfaitement ; la Région remédiera à tout cela ». On ne nous dit ni pourquoi ni comment. Nos réseaux d'Etat ou con- cédés marchent-ils mieux que les réseaux départe- mentaux ? l'auteur a commencé par nous dire lui-même que non. C'est donc qu'il y a autre chose qu'une question d'attribution, il y a notre système administratif. Alors pourquoi se leurrer avec des régions ? Si c'est le système administratif qui est mauvais, c'est le système administratif qu'il faut changer, et non son étiquette.

« La législation des forces hydrauliques n'est pas encore établie, la Région devra intervenir ». Comment ? La législation n'est pas de son ressort, mais de celui de l'Etat, sous peine de créer la confusion ou d'aller au fédéralisme ; quant à l'application, elle sera le plus souvent locale et limitée à une ou deux communes. Si l'utilisation d'un cours d'eau exige l'intervention de plus d'un département, votre division n'aura pas prévu la majorité des cas, il faudra que des régions s'entendent ; pourquoi des départements ne le feraient-ils pas puisqu'ils le font, déjà ?

Il peut sembler que la navigabilité des fleuves et des cours d'eau va donner une raison d'être à la région. C'est encore une illusion. L'Etat doit intervenir pour fixer les dimensions générales des ouvrages puisque les chalands doivent circuler sur toutes les voies navigables, mais ceci n'implique nullement l'obligation de confier l'administration ni la construction à l'Etat. Pourquoi les confierait-on à la Région ? Presque jamais une région ne correspondra avec une section autonome de voies navigables, tout canal ayant une importance empruntera le territoire de 2 ou 3 régions. Exemples : la Loire, le Rhone, la Seine, le canal de la Loire à la Seine, celui du Rhône au Rhin, etc... etc...

Le canal ou le fleuve débordant la région, comme ils débordent le département, il faut ou l'intervention de l'État ou l'intervention de plusieurs régions ou départements. Certains départements sont desservis par des systèmes de canaux distincts, n'est-il pas naturel qu'ils s'entendent dans chaque cas avec les départements différents intéressés à chaque système de canaux.

Le rapporteur cite ensuite le remembrement de la propriété rurale. C'est là une œuvre de grande importance, mais qu'a-t-elle de régional? c'est une œuvre communale, tout au plus une œuvre d'arrondissement.

Le rapporteur ne se dissimule pas tout le vide de son projet. Lorsqu'il parlait en son nom seul, il avait proposé une Région devant supprimer l'organisation préfectorale, avoir une autorité politique mal définie mais certaine ; lorsqu'il parle au nom de la Commission, il reconnaît que ses conceptions personnelles ont fondu devant le jour de la discussion, et ce n'est pas sans mélancolie qu'il termine l'énumération des attributions des Conseils Régionaux par cette phrase « une assemblée vaut autant, plus « peut-être, par l'autorité et l'intelligence de ceux « qui la composent que par les attributions qui lui « sont conférées ».

En somme, le Conseil Régional aura, d'après le projet, le droit d'émettre des vœux et des réclamations pourvu qu'ils ne soient pas politiques. Une telle fonction justifie-t-elle une agitation d'opinion dans le pays, et peut-on présenter cela comme une réforme ? Ces vœux et ces réclamations, les Conseils généraux peuvent les formuler soit en leur nom, soit dans les réunions interdépartementales, et il suffit d'étendre le droit d'entente des départements pour faciliter l'émission de vœux communs qui auront ensuite grande chance de se réaliser puisque ceux qui les auront émis seront membres des assemblées chargées de les réaliser.

Les régionalistes diront, non sans raison, que le projet de la Commission n'est qu'un pâle reflet de leurs conceptions, que leurs désirs sont autrement étendus. Je leur répondrai, encore une fois, qu'une idée n'a aucune valeur en politique quand elle n'est pas formulée en un texte. J'ai examiné ici très succinctement les textes proposés par les seuls régionalistes qui, à ma connaissance, en aient formulé de précis, aucun de ces textes ne répond à une conception scientifique, c'est-à-dire pratique.

Le budget régional. — Il reste une dernière question celle du budget régional.

On ne voit pas bien pourquoi un Conseil qui n'a que le pouvoir d'émettre des vœux a besoin d'un budget, il lui suffit de quelques frais de bureau ; mais le rapporteur ayant en tête son projet personnel ne renonce pas à un budget régional. Il critique notre fiscalité en pleine transformation, les anciens impôts directs supprimés pour l'Etat maintenus

provisoirement comme base des impôts départementaux et communaux. Cette situation est une conséquence de l'établissement de l'impôt sur le revenu ;
le Parlement a commencé par régler la question de
l'impôt d'Etat ; la guerre survenant l'a empêché de
régler la question des impôts départementaux et
communaux. Je ne discute pas ici le bien ou le mal
fondé de l'impôt sur le revenu, j'examine une question d'attributions et non une question de législation ; il est incontestablement dans les attributions
du Parlement de fixer les modalités de l'impôt. La
critique de la situation provisoire où se trouve la
perception des impôts départementaux et communaux n'est nullement spéciale à notre système administratif, elle serait la même si des régions existaient à la place ou au-dessus des départements.

La Commission n'a pas plus suivi son rapporteur
dans cette voie que dans les précédentes ; cependant elle a décidé que les Conseils régionaux pourraient voter des centimes additionnels dans les limites fixées par la loi de finances. En plus, « le
« Conseil Régional pourra créer des taxes sous ré-
« serve qu'elles seront homologuées par le Conseil
« d'Etat pour éviter les abus, et autorisées par la loi
« de finances annuelle... « Les autres ressources
« prévues : dons et legs, subventions, rembourse-
« ment des capitaux exigibles, rentes rachetées,
« produit des biens aliénés alimentent déjà le budget
« départemental et ne motivent aucune observa-
« tion ». Je pense qu'elles en motivent plusieurs :

d'abord celle que toutes les taxes sortent de la poche du contribuable et qu'elles n'en seront pas moins lourdes pour changer de nom ; ensuite celle que la création d'une nouvelle fiscalité superposée à l'autre, comme le surpréfet au préfet, entraînera des frais généraux qui ne serviront qu'à entretenir des fonctionnaires supplémentaires dont le besoin ne se fait nullement sentir ; enfin qu'une assemblée qui n'a pas de droit d'action ne doit pas avoir de budget.

« Une autre source de revenus proviendra du do-
« maine et de l'exploitation des travaux publics,
« transports publics et services dont l'établissement
« constituera la plus grande partie des dépenses ré-
« gionales. »

Ainsi la réforme consiste principalement à faire gérer par un surpréfet, assisté de surconseillers généraux, des services publics qui devront rapporter. Toutes les erreurs de la bureaucratie régionale, qui sera aussi une surbureaucratie puisqu'elle sera superposée à l'autre, se traduiront par des accroissements de tarifs. Par ailleurs, on aura créé un organisme sans but qui se mêlera de tout, voulant justifier son existence et qui sera en conflit perpétuel avec l'État et avec les départements.

La décentralisation. — La réforme que le pays réclame doit partir d'autres bases ; et afin de ne pas rester dans la partie négative qui est toujours la plus facile, voici comment je la comprends d'après les règles que j'ai exposées :

Etablissons bien d'abord le problème : Nous nous

Cloar

plaignons de l'excès de centralisation, du formalisme administratif, de la rigidité de nos rouages, de l'insuffisance de notre outillage économique, de la faiblesse de notre enseignement technique, de l'incompétence de trop de nos dirigeants, du temps perdu par nos parlementaires à des questions de clocher, de l'impuissance à aboutir qui nous caractérise trop souvent.

Quelle méthode suivre pour trouver le remède ou les remèdes ? Il n'y en a qu'une, celle qui consiste à étudier chaque défaut pour le corriger, ce qui n'empêche nullement d'obéir à une idée maîtresse, bien au contraire.

Nous sommes trop centralisés ? Eh bien, étudions jusqu'à quel point on peut décentraliser. Décidons que, désormais, un département pourra établir un chemin de fer sans avoir besoin d'en référer à Paris, que tous les fonctionnaires départementaux seront nommés par le département sans intervention du Ministère, établissons en un mot la responsabilité et le pouvoir dans chaque chef-lieu en limitant strictement les attributions du préfet et du Conseil général aux affaires locales.

Agissons de même dans la commune en laissant subsister, seulement dans la mesure nécessaire, la tutelle départementale, et en supprimant les transmissions à Paris.

Laissons à chaque unité la liberté de s'unir à sa guise à ses voisines pour un but déterminé, et de s'en séparer une fois ce but atteint. Et du même coup nous aurons résolu le problème sans aucun bouleversement. S'il plaît à quatre ou cinq départements de prolonger leur union pour une fin déterminée, ils continueront leur confiance à la Commission interdépartementale qu'ils auront nommée, sans qu'il soit besoin de nouveaux rouages compliqués.

Nous nous plaignons du formalisme administratif ? Eh bien ! supprimons-le dans toute la mesure que nous pourrons. Et pour cela, ne multiplions pas les rouages, diminuons-les. Au régime de l'irresponsabilité qui résulte des multiples signatures dont doit être revêtu le moindre papier, substituons le régime de la responsabilité par l'instauration de la signature unique sur chaque ordre donné, signature qui sera celle de l'homme réellement capable de la donner. Un chef de service ne peut aujourd'hui prendre seulement connaissance de ce qu'il signe : C'est là un système inadmissible. Toute signature doit avoir une valeur réelle, engager une responsabilité effective comme elle engage la responsabilité du commerçant. Posons en règle que toute décision prise est soumise à un contrôle impartial et rapide entraînant une sanction si la décision en comporte une. Supprimons toute cette montagne de règlements où le plus habile se perd, supprimons les bulletins officiels des Ministères, la pluie des circulaires : Chacun doit avoir un petit opuscule très court contenant tout le nécessaire et révisé tous les trois mois si on le veut. Supprimons toutes les lettres qu'on s'écrit de service à service et qui s'entassent dans ces dossiers inabordables par leur masse. Tout cela doit être remplacé par un résumé donnant l'état de la question tous les ans ou tous les mois suivant le cas, mais permettant toujours de connaître cet état de la question en dix minutes de lecture. Et, alors, laissons les responsables prendre leurs décisions immédiatement exécutables.

Séparons les ordres d'intérêts et groupons tout ce qui est de même ordre dans le même compartiment, que ce soit dans un Ministère ou dans une préfecture. Faisons de l'administration directe, c'est à-dire sur place. Dans un département, par exemple, que le préfet ne soit pas un dieu caché dans le tabernacle, mais un homme qu'on voit dans tout son département, qui étudie tout en conversations, sans rapports ni correspondance compliquée. Quand tout est prêt, le chef de service local rédige un exposé de la situation, et le préfet approuve.

Nous nous plaignons de la rigidité de nos rouages ? Assouplissons-les ; il n'y a pas de meilleur moyen pour cela que l'administration directe. Le bureaucrate lointain juge obligatoirement d'après les précédents et d'après des règlements, l'homme qui est sur place juge d'après la réalité. Adoptons une organisation du type industriel. Prenez une sous-préfecture, vous y trouverez, quelle que soit son importance, un employé supérieur de chaque service : contributions directes, contributions indirectes, douanes, enregistrement, finances, etc...

Tous ces fonctionnaires habitent où ils veulent, et le plus souvent loin du centre par raison d'économie. On a peine à se figurer le temps perdu par tous les citoyens à courir ainsi à travers la ville. Il ne devrait y avoir que deux bureaux : un bureau d'Etat à la sous-préfecture et un bureau communal à la mairie; dans chacun, des guichets ouverts comme dans les banques, en nombre variable suivant l'importance des services. Pour tous les mouvements d'argent, une seule caisse où l'on agit le plus possible par virements ou chèques sur toutes les banques de la ville, où des Caisses enregistreuses délivrent automatiquement des reçus en trois secondes. Dans les villes d'une certaine étendue, il y aura un de ces bureaux par quartier.

Nous nous plaignons de notre outillage économique ? Renonçons à la centralisation financière qui engendre sa faiblesse. Tout outillage économique doit avoir sa personnalité civile et doit avoir son budget en équilibre; qu'il soit géré par l'Etat, par le département, par la commune, par un particulier, il doit avoir sa balance de comptes ; s'il a besoin de subventions, que ces subventions lui soient données ouvertement, inscrites dans ses comptes comme subventions ; supprimons ces caisses noires où tombent des recettes indistinctes et avec lesquelles on paie arbitrairement des dépenses non contrôlées. Un budget démocratique doit être toujours public et sincère.

Cela n'empêchera nullement la réunion de tous ces

budgets pour la statistique et le contrôle général ; bien au contraire, cette réunion sera facile et n'exigera que peu de fonctionnaires centraux si on a pris la simple précaution de faire établir tous ces comptes d'après des types uniformes.

Plus de discussions entre le département ou la région et l'Etat. Chaque fois que un, deux ou dix départements jugeront une œuvre utile, leur premier vote constituera une société civile formée comme ils le jugeront convenable : ici des fonctionnaires, là des délégués élus, ailleurs des concessionnaires ; et, dès lors, la société civile en fera sa chose, elle s'organisera industriellement. Les contrôles s'exerceront automatiquement et chacun fera le métier pour lequel il fut nommé. Des particuliers peuvent faire des dons, prendre la chose en mains si elle les intéresse ; s'ils tombent d'accord avec la Commission déléguée, ces particuliers peuvent même prendre l'initiative et faire des offres pour construire ou exploiter un port, un canal, un chemin de fer, un tramway ; il n'est plus besoin d'interminables votes de lois pour une chose aussi simple. Le législateur n'est pas nommé pour s'occuper de pareilles détails, mais pour fixer des principes et diriger les affaires générales du pays.

Nous nous plaignons de la faiblesse de l'enseignement technique ? Fixons les bases d'une organisation pratique. L'enseignement comporte trois degrés qui correspondent respectivement aux fonctions d'ingénieur, de contre-maître, d'ouvrier.

Le degré inférieur, formation d'ouvriers, est d'ordre communal, mais souvent la commune manquera des moyens d'action nécessaires ; un syndicat de communes y suffira peut-être ; sinon le département prendra l'initiative, excitera les communes, les subventionnera au besoin. Si les idées du département sont plus centralisatrices, le département entreprendra lui-même l'organisation. Très souvent il y aura avantage à former une Chambre d'industries ou une Chambre de métiers et à lui confier le soin de cet enseignement du premier degré.

D'après les mêmes principes et avec la même liberté se régleront les questions d'apprentissage et de préapprentissage, après entente avec les écoles primaires communales, dont le régime général sera fixé par la loi, mais dont le fonctionnement sera sous la surveillance pratique du préfet et du Conseil général.

Au second degré, il faudra presque toujours en arriver à l'organisation départementale avec ou sans le concours des chambres d'industrie ou de métiers ; dans certains cas la solution exigera même une entente interdépartementale. Sans intervenir directement, l'Etat sera sans doute obligé de secouer l'apathie de certains départements en faisant agir ses préfets, car l'expérience nous montre trop combien la routine est invétérée.

Au troisième degré, l'Etat interviendra presque toujours directement, car peu de départements pourront entretenir à eux seuls des écoles d'ingénieurs spécialistes, mais il n'y a aucune raison pour que cela leur soit interdit, isolément ou en groupe ; il n'y a rien à innover sur ce point, la combinaison existe déjà, il n'y a qu'à développer. Souvent ici encore, les Chambres de commerce, ou les Chambres d'industrie ou d'agriculture ou de métiers seront les initiatrices, ou tout au moins des collaboratrices indiquées ; il serait très désirable que leur tâche fût facilitée par une reconnaissance plus explicite de leur existence, par l'octroi de la personnalité civile et par un recrutement plus large basé sur l'élection. C'est dans ce domaine technique que les techniciens ont un grand rôle à jouer, et non dans le domaine politique, ni même économique ; la souplesse de l'union libre des diverses Chambres peut seule répondre aux besoins. Il n'est pas du tout nécessaire que l'ensemble d'un département s'entende avec l'ensemble d'un département voisin ; une industrie déterminée, celle du cuir par exemple, peut intéresser spécialement deux ou trois arrondissements voisins appartenant à des départements différents, les Chambres d'industries de ces trois arrondissements peuvent ouvrir une école commune pour laquelle elles obtiendront des subventions de leurs trois départements, alors que d'autres arrondissements des mêmes départements organiseront par ailleurs un enseignement relatif à la fromagerie ou à la mécanique.

Il appartiendra aux préfets de veiller à ce que les organismes créés n'établissent pas des cloisons étanches entre les départements, conservent l'équilibre entre le sentiment d'unité nationale et le particularisme départemental.

Au-dessus des trois degrés sus-mentionnés, il en existe un d'ordre supérieur, celui où s'élabore la science, où se forme l'élite des travailleurs. Nous n'avons pas en France de milliardaires qui fondent des Instituts ; on ne peut donc compter que sur l'Etat pour intervenir dans ce cycle, mais ceci ne veut pas dire que les spécialistes doivent être exclus de la direction, bien au contraire : les Chambres de commerce, d'industries, etc... forment des Unions centrales qui sont éminemment qualifiées pour ce rôle, autant qu'elles le sont peu pour l'action parlementaire.

La compétence. — Nous nous plaignons de l'incompétence de trop de nos dirigeants ? Cherchons à les rendre compétents. Mais prenons bien garde de définir exactement la compétence et de ne pas la confondre avec la technicité.

Les Français ont, en général, une tournure d'esprit qui les porte à voir les choses sous un angle simpliste et, volontiers, ils pensent que le meilleur ministre de l'Intérieur doit être un Préfet, le meilleur ministre des Travaux Publics un ingénieur, le meilleur ministre de la Guerre un général...

L'expérience nous montre la fausseté de ce point de vue, et la science politique nous la fait comprendre. Au cours de la guerre, nous avons eu des généraux comme ministres, ils n'ont pas réussi ; M. Clémenceau, qui est docteur en médecine, a été plus heureux. Il serait évidemment absurde d'en conclure qu'il est impossible à un militaire de faire un bon ministre et que les meilleurs ministres de la guerre seront des médecins ; ce qu'il faut dire, c'est que les qualités d'un ministre sont d'un ordre spécial distinct de la technicité. Notre préjugé est si fortement enraciné que, devant l'échec de tel ou tel général, une grande partie de l'opinion publique a mieux aimé accuser le Parlement d'esprit subversif que de reconnaître sa propre erreur ; elle n'a pas compris qu'un homme peut être éminent dans son métier et ne pas être la hauteur d'un rôle politique, donnant ainsi la mesure de son manque d'éducation politique.

Les Anglais ont acquis, sur ce point, une certaine avance parce qu'ils ont un siècle d'expérience parlementaire de plus que nous ; ils nous ont donné aux cours de la guerre un exemple typique de la manière de comprendre la compétence.

Ils avaient comme Ministre de la guerre un homme éminent qui avait rendu à son pays les plus grands services, tant comme général que comme chef de grands gouvernements coloniaux, lord Kitchener. Cet homme jouissait d'un énorme prestige près de la masse anglaise, et son intervention personnelle avait eu une influence considérable pour l'obtention de nombreux engagements d'abord, du service obligatoire ensuite. Sur les murs, d'énormes affiches représentaient lord Kitchener faisant un geste impératif qui agissait puissamment sur l'âme anglaise ; le gou-

vernement de Londres avait compris quelle force lui
apportait un pareil homme.

Le sort voulut qu'il fut victime d'un torpillage et
qu'il mourut dans le naufrage.

La presse anglaise eut, à ce moment, une attitude
caractéristique et à peu près la même dans tous les
partis ; elle commença par rendre un hommage mé-
rité au grand serviteur du pays qui disparaissait, par
vanter l'œuvre accomplie, faisant ressortir l'importance de son intervention, puis elle en vint à parler
de la succession ouverte : Lord Kitchener était un
homme qu'on ne discutait pas, mais cependant que
de difficultés étaient nées de sa qualité de général !
les uns faisaient valoir son peu de doigté parlementaire, les autres l'insuffisance de son administration,
d'autres la rigidité de ses conceptions diplomatiques,
son intervention dans la conduite des opérations...
« Notre meilleur général, dit un journal qui résuma
« ainsi l'opinion de tous, nous devons le mettre à la
« tête de nos armées ; nous devons choisir pour le
« ministère de la Guerre notre meilleur esprit admi-
« nistratif ». Il ne s'agit pas du meilleur comptable,
mais du meilleur homme politique, scientifiquement
parlant. Là est bien, en effet, la vérité politique, la
véritable application de la compétence.

Cette observation sur Kitchener fera bien comprendre comment l'un de nos défauts principaux
n'est pas, commé l'ont dit quelques-uns, le culte de
l'incompétence, mais bien au contraire le culte
la fausse compétence, parce que nous attribuons à ce

mot une valeur inexacte, parce que nous faisons confusion entre des mots voisins qui ne sont pas du tout synonymes ; nous confondons compétence avec technicité.

Il est intéressant de se demander pourquoi les hommes techniques sont, en politique, si rarement compétents ; la réflexion nous montre que c'est parce que le métier les a trop profondément façonnés et qu'ils ont peine à se soustraire aux routines professionnelles. La direction d'un grand service exige surtout des idées générales, une grande expérience dans plusieurs branches de l'activité humaine ; toutes les questions, envisagées d'une certaine hauteur, ont des répercussions les unes sur les autres ; la conduite d'une guerre mondiale comme celle que nous venons de soutenir exige l'utilisation de toutes les forces du pays sous toutes les formes, de l'activité industrielle, agricole, commerciale, maritime ; mais elle exige, de plus, de vastes connaissances géographiques, diplomatiques ethniques et politiques.

Si dominante qu'apparaisse l'armée combattante proprement dite, elle n'est qu'une partie dans le tout ; elle ne peut rien si elle n'est pas soutenue en arrière, et ce soutien ne peut être complet que si les services auxiliaires, aussi bien que le Commandement suprême, possédent certaines idées générales. L'intendance, par exemple, n'a pas qu'à nourrir les troupes, il faut qu'elle permette la vie au pays qui entretient l'armée.

Nous savons tous quelles erreurs l'autorité militaire

a commises dans l'approvisionnement général, dans les questions de transport... etc... Comme notre science politique est dans l'enfance, nous en avons accusé tel ou tel homme, nous n'avons pas compris à quel point le problème était général, nous avons eu le culte de la fausse compétence c'est-à-dire la croyance en la vertu de la technicité.

Nos ministres, victimes de cette fausse conception de la compétence, sont les prisonniers de leurs bureaux parce que rares sont ceux qui oseraient passer outre à l'opposition des techniciens, l'opinion publique ne les suivrait pas et les Chambres ne pardonneraient pas à un ministre de s'être trompé dans son indépendance. Au cours de la guerre, quand nos Commissions parlementaires ont signalé les fautes, de nombreux Français ont mieux aimé accuser ceux qui troublaient leur quiétude que de reconnaître leur erreur, ou bien ils ont voulu voir partout la concussion.

Certes, la passion de parti n'a pas été étrangère aux attaques venues de part et d'autre, mais cette passion même dénote l'absence de conceptions scientifiques.

Je crois inutile de me défendre contre l'accusation de soutenir le paradoxe de l'ignorance nécessaire. Il est ridicule de vouloir se passer de l'avis des techniciens, et il est certains domaines qui leur appartiennent sans partage, mais il ne s'ensuit pas que l'avis du technicien soit toujours le meilleur dans les questions générales.

Même dans son métier, un homme n'a pas la même valeur à tous les postes : notre superstition des brevets nous cache systématiquement cette vérité évidente. Il est à peu près impossible de faire comprendre à notre administration maritime, par exemple, (ou tout au moins de la faire agir comme si elle comprenait) qu'un capitaine de vaisseau ne doit pas être employé indifféremment dans tous les postes de son grade. Ici, il faudra du sens marin, là de la diplomatie, ailleurs de l'énergie ; tel officier très savant fera un mauvais chef de corps de débarquement, mais rendra d'inappréciables services à la tête d'un service d'études. Chacun aura sa compétence à côté de sa technicité, et souvent le plus compétent ne sera pas le plus technique, ce sera celui qui saura le plus de choses en dehors de son métier parceque son horizon se sera élargi. Le public comprend peu l'importance de ces connaissances étrangères au métier, il importe de la lui expliquer.

A cette question de la Compétence bien comprise se rattache l'impuissance à aboutir qui caractérise trop de nos concitoyens. Le manque de décision vient de la subordination où nous tenons les qualités essentielles de l'homme, celles qui font le caractère, et aussi de la persistance de notre esprit théologique, déconcerté depuis qu'il a perdu la certitude que lui donnait la foi religieuse. La Science politique doit nous donner la foi raisonnée, c'est-à-dire le sens des solutions positives d'où découlent le goût de la responsabilité et la volonté de l'imposer à autrui.

La Constituante. — Les divers remèdes que je propose sont très simples et ne demandent aucun bouleversement ; il n'est nullement nécessaire, pour les réaliser, de réunir une Constituante, ni d'agiter le pays. C'est qu'en effet ces remèdes changent le fond beaucoup plus que la forme, tandis que beaucoup de nos compatriotes attribuent encore aux formes une importance capitale.

A quoi pourrait bien nous servir une Constituante?

Je comprends très bien qu'une telle assemblée fût utile en 1871, mais que ferait-elle maintenant ? Je crains bien que nous nous trouvions en face d'une de ces opinions empiriques basées sur la croyance en la vertu des mots. Les Anglais n'ont jamais eu de Constituante, et cela n'a pas empêché leur gouvernement d'évoluer au point de ne plus ressembler à celui du début. Les attributions de la Couronne et celles des deux Chambres ont été profondément modifiées sans loi organique.

Mais nous avons une mentalité différente, je ne m'arrête donc pas à cet argument, je me contente de demander « Que voulez-vous changer ? »

Je vois de nombreux hommes politiques demander la révision, mais j'en vois bien peu préciser les changements qu'ils proposent. Or, il n'est rien de plus anti-scientifique qu'une telle manière de faire ; Révision ne signifie rien, en science politique, si vous ne dites pas les bases de cette révision. Les uns veulent nommer un président qui gouverne à l'Américaine, d'autres veulent supprimer le Sénat, d'autres veulent instaurer un régionalisme voisin du fédéralisme, mais tout cela reste vague et sans justification raisonnée. Si une Constituante se réunissait, ces diverses tendances se heurteraient, des orateurs feraient de beaux discours pour affirmer leur conception, personne ne sait ce qui en sortirait. La solution serait une surprise, car aucun courant d'opinion n'est assez net pour triompher certainement. Nous aurions beaucoup d'agitation, après quoi les Français resteraient aussi désorientés qu'auparavant ; ils n'auraient pas fait un pas dans la voie positive.

Une Constituante se comprendrait pour régler une organisation dont le principe serait admis, mais nous n'avons aucun principe à modifier dans notre Constitution actuelle, il suffit de mettre chaque chose à sa place.

Il n'est pas nécessaire de réunir une Constituante pour décentraliser, même pour étendre le pouvoir des Préfets et des Conseils généraux comme je le demande ; une loi suffit, et une décision du Conseil des Ministres suffit pour diminuer la paperasserie.

Ce n'est pas que je voie aucune grave objection de principe à la réunion d'une Constituante. Si un fort courant se dessinait dans le pays pour la demander, la science politique conseillerait de la réunir pour déblayer le terrain d'une question troublante, mais nous qui philosophons et qui cherchons les réalités, nous ne devons pas nous illusionner sur son action.

Les résultats pratiques, positifs, seront obtenus
lorsqu'un gouvernement le voudra véritablement, et
il le voudra quand la Chambre le voudra à son
tour. Ceci arrivera quand l'opnion publique l'imposera, ou quand un nombre suffisant d'hommes politiques sera acquis à la méthode scientifique.

Certaines personnes pensent que l'attente est bien
longue. J'en conviens ; mais c'est un principe solide
de la science que les choses sont telles qu'elles sont
et non telles que nous voudrions qu'elles soient :
Fonder hors de la réalité, c'est construire sur le
sable mouvant ; l'édifice peut avoir une apparence,
il ne tient pas.

Du département a la commune. — Le mal dont
nous souffrons est surtout administratif, il réside
dans l'éparpillement voulu par Bonaparte, grâce auquel des chefs de services départementaux ne communiquent officiellement que par l'intermédiaire de
leurs ministres respectifs, grâce auquel des cloisons
étanches existent entre tous les services. Le remède
consiste donc à confier à chaque Préfet la direction
des services locaux sans qu'il ait à en référer à Paris.
L'exemple de l'Alsace et de la Lorraine désannexées
doit nous servir d'avertissement ; notre bureaucratie
lointaine y a fait une faillite rapide ; si le reste du
pays est plus patient, ce n'est pas une raison pour en
abuser et refuser d'ouvrir les yeux.

Quel devra être, dans cette nouvelle organisation,
le sort des sous-préfets ? A l'heure présente, leur
existence soulève des critiques dont plusieurs sont

justifiées ; on peut admettre qu'un jour viendra où leur suppression s'imposera, mais au moment où s'organiserait le département nouveau style, le Préfet aurait besoin d'être aidé. Si ce dernier déléguait aux sous-préfets une partie de ses pouvoirs pour le règlement d'affaires secondaires ; si, d'autre part, les sous préfets en devenant les Chefs des services locaux, comme je l'ai indiqué, simplifiaient la bureaucratie locale, leurs fonctions prendraient une importance nouvelle qui en ferait désirer le maintien. Ils seraient, de plus, d'utiles conseillers pour les maires en maintes circonstances.

A l'arrondissement doit s'arrêter l'intervention directe de l'État et commencer l'autonomie. Le Conseil d'arrondissement devrait donc régler en dernier ressort les toutes petites questions qui n'intéressent que deux ou trois communes, puis celles qui intéressent le seul arrondissement dans les domaines les plus divers : Certaines écoles professionnelles ne visent qu'une industrie locale, un arrondissement peut trouver insuffisante l'organisation départementale en ce qui le concerne : il peut, par exemple, désirer un professeur d'agriculture pour lui seul, trouvant celui du chef-lieu trop éloigné, il peut désirer un tramway ou un port local, il peut faire appel à des concours particuliers pour créer une coopérative, etc..., etc..., il peut enfin, et ce sera, je crois, son rôle principal, faire naître des syndicats de communes pour la réalisation de divers objectifs particuliers.

On peut critiquer l'étendue ou la composition de certains arrondissements, mais, dans l'ensemble, la ville chef-lieu d'arrondissement est incontestablement un centre de vie locale, et l'arrondissement lui-même correspond bien à ce que certains régionalistes appellent un pays.

La démarcation entre le domaine de l'arrondissement et celui du département offre quelques difficultés de détail, mais aucune ne paraît insurmontable : le préfet jouit d'une autorité suffisante pour réaliser l'harmonie dans cet ensemble.

En fixant le point où doit commencer l'autonomie administrative, je fais certainement un choix arbitraire, mais il n'est cependant pas déterminé sans réflexion.

La République a donné à la commune en France des libertés très grandes dans son domaine, son chef est un maire élu ; au contraire, le chef du département est resté un administrateur nommé par le Pouvoir Central avec adjonction d'un Conseil. Les deux termes, doivent être maintenus, il faut donc fixer entre eux le point où doit s'opérer la soudure entre les deux systèmes.

Entre ces deux termes, nous avons en France l'arrondissement et le canton. On a beaucoup critiqué l'arrondissement : à l'observation il m'a paru qu'il constituait l'une des plus fortes cellules du pays, et cependant on ne peut donner au sous-préfet aucune autorité directe, sans quoi il serait en conflit permanent avec son préfet ; il ne peut être que le représentant du préfet. D'autre part, le Conseil d'arrondissement ne doit pas faire double emploi avec le Conseil Général, il ne peut pas avoir de pouvoir législatif sous peine de se heurter au Conseil Général et au Préfet. Ces diverses considérations fixent les limites dans le cadre que j'ai indiqué ci-dessus ; l'autorité d'arrondissement ne peut être qu'un organisme d'application des décisions départementales et de groupement des communes.

Pour ces mêmes raisons d'ordre, l'Arrondissement ne peut avoir de budget propre, mais seulement des ressources fournies par le département et les Communes auxquelles peut s'ajouter éventuellement le produit de quelques entreprises d'intérêt public.

Le canton ne joue dans notre organisation actuelle qu'un rôle assez effacé, il n'a pas d'existence administrative. On s'est demandé souvent s'il ne serait pas préférable d'y concentrer l'administration des communes dont un grand nombre ont peine à s'administrer elles-mêmes. Sur les 36.000 communes que possédait la France de 1914, près de la moitié, soit 17.000 environ, n'avaient pas 500 habitants, ce qui correspond à 125 électeurs au plus. Il est difficile de trouver dans un milieu aussi restreint assez d'hommes susceptibles de constituer un Conseil municipal, on a même peine souvent à trouver un maire capable de gérer les multiples intérêts confiés par la loi à l'administration communale, intérêts qu'augmente sans cesse notre législation sociale. Dans de telles communes, un maire est bien près de ses électeurs pour ne pas subir de fortes influences personnelles ; de plus, ces Communes sont pauvres, ce qui les met sous la coupe du gros propriétaire du pays, les frais généraux, si réduits qu'on les suppose, sont très lourds pour leur budget.

D'autre part, la Commune est entrée dans nos mœurs, elle est l'unité la plus ancienne, car elle s'appelait jadis la paroisse ; les habitants y sont attachés et seraient profondément froissés de sa disparition. C'est la Commune qui a été le grand facteur de l'émancipation politique et sociale parce que c'est dans son sein que les hommes ont commencé à prendre conscience de leur solidarité. La science politique, telle que je l'ai définie, c'est-à-dire basée sur les considérations pratiques, indique le maintien des communes. Mais cela ne veut pas dire qu'on n'y puisse rien changer ; si les communes peuvent s'entendre librement, on ne voit pas pourquoi elles ne se grouperaient pas au chef-lieu de canton pour faciliter le règlement de diverses questions administratives. Au fond, dans des centres aussi petits, le Conseil municipal est la liste d'un homme ; le maire est le représentant de l'opinion dominante. Serait-il impossible que les maires se réunissent périodiquement au chef-lieu de canton et qu'ils confient à un secrétaire unique la direction de toute l'administration, en dehors des actes d'état civil et de quelques fonctions simples. Ce secrétaire pourrait alors être un fonctionnaire spécialisé, au courant de notre organisation sociale de plus en plus complexe, capable de surveiller l'administration, les écoles, les travaux de voirie communale, etc...

A l'heure présente, c'est l'instituteur qui remplit ces fonctions ; il y en a de remarquables, mais beaucoup ne s'assimilent jamais cette besogne qui n'est pas de leur métier. On demande tant aux instituteurs que le temps leur manque pour s'occuper convenablement de tout ; un secrétaire cantonal aurait un travail suffisant pour justifier sa présence, et les instituteurs retourneraient à leurs écoles, n'ayant plus à tenir que les registres d'état-civil. Les communes y trouveraient économie et un avantage considérable dans la gestion de leurs intérêts. L'un des maires serait président du Comité cantonal, et délégué par ses collègues dans la surveillance de ce compartiment spécial.

Au fur et à mesure que l'importance des communes grandit, l'entente pourrait se limiter à quelques questions, elle cesserait de devenir indispensable alors que l'on arriverait aux villes, mais dans bien des cas encore elle serait utile.

Cette réforme peut être réalisée par la bonne volonté et les conseils d'arrondissement par leur influence l'obtiendraient des Communes, d'abord pour un temps limité, puis peu à peu d'une manière permanente, car l'essai en montrerait les avantages. C'est encore ici la liberté, c'est-à-dire l'expérience, qui fixerait les conditions de l'entente, de telle sorte que celle-ci se modifierait suivant les besoins et les pays. Certaines communes des Pyrénées, par exemple, auraient des ententes très différentes de celles des communes de Flandre ; là est la science parce que là sont la souplesse et la relativité.

Les élections municipales. — On peut se demander si le suffrage universel, base de toute autorité dans un pays démocratique, doit être consulté de la même manière dans les élections municipales que dans les élections législatives.

Tant que les maires seront délégués pour les élections sénatoriales, il ne peut en être autrement ; c'est une des erreurs de notre Constitution de 1875 d'avoir intimement lié les Administrations communales à la politique, et il est curieux de constater que l'Assemblée royaliste de 1875 s'était arrêtée à cette combinaison dans l'espoir de conserver plus longtemps les sièges sénatoriaux. Non seulement l'expérience lui a donné tort, mais les hommes de droite se sont trouvés exclus d'un grand nombre de conseils municipaux et de mairies qu'ils auraient conservées si les fonctions municipales avaient été soigneusement séparées des élections législatives. Dans bien des campagnes, en effet, on aurait fait appel à leur expérience, ou on aurait subi leur influence de propriétaires terriens pour la gestion des affaires communales, s'il n'en était pas résulté une influence politique que l'opinion ne voulait pas leur laisser.

Au point de vue théorique, il serait certainement désirable que les questions de parti restassent en dehors de la vie communale. C'est un idéal vers lequel on pourra se diriger, mais pour le moment les partis d'opposition sont encore trop anti-constitutionnels pour que l'opinion publique fasse la séparation entre les choses municipales et les choses nationales. Un changement dans l'élection des sénateurs serait facile à imaginer ; mais, comme une proposition de changement soulèverait sans doute la question de la suppression du Sénat, éventualité actuellement peu souhaitable, la science politique nous interdit de rechercher, à l'heure actuelle, une solution pourtant théoriquement désirable. Cet exemple indique bien nettement comment nos décisions doivent dépendre du lieu et du temps, et fait bien ressortir aussi l'influence du passé sur le présent ; il nous montre encore combien est erronée l'opinion que la majorité fait ce qu'elle veut : la conduite de la majorité se trouve influencée par la minorité. Même involontairement, la relativité s'impose en politique.

Bien que la liberté communale soit comparativement étendue, elle a cependant des limites qui paraissent étroites à bien des esprits. En matière de finances, par exemple, l'État ne peut évidemment permettre à une commune de s'endetter outre mesure, il ne peut lui permettre de faire faillite puisqu'il serait obligé de payer le déficit. Cette limitation est naturellement affaire d'appréciation, mais elle est justifiée en pratique.

Les questions de sécurité générale, d'enseignement, de culte, de service militaire, de justice, d'assurances sociales ont reçu des solutions légales contre lesquelles la commune ne peut évidemment s'élever ; mais nous avons le droit de nous demander si cette extension du domaine de l'Etat est conforme à la science. La réponse est facile : le degré de cette extension est fonction des mœurs ; il doit être très élevé sur certains points, moins sur d'autres. Cette intervention s'impose en ce qui concerne la sécurité générale, le service militaire, la justice ; elle est relative en ce qui concerne l'enseignement et le culte. L'Etat ne peut admettre, par exemple, qu'une commune entrave l'exercice d'une religion qu'il reconnaît, mais il peut laisser à la commune un large droit d'appréciation sur la police des cultes.

En ce qui concerne les domaines réservés à l'Etat, les fonctionnaires doivent être naturellement soustraits à l'autorité du Conseil général ; il ne faut cependant pas qu'ils se mettent en rebellion contre les autorités locales. Ce problème, qui paraît difficile, se résout, en fait, aisément dans la pratique ; nos mœurs sont assez avancées pour que l'harmonie s'établisse sans trop de peine. La vieille querelle entre le Pouvoir civil et le Pouvoir militaire ou le Pouvoir judiciaire perd un peu plus de son sens chaque jour ; il n'y a pas plusieurs Pouvoirs, il n'y en a qu'un : L'armée détient la direction d'un compartiment, comme la magistrature en détient un autre ; si le souci de la défense nationale et de la justice imposent des modalités spéciales à leur statut général, cela ne change rien au principe de l'unité de gouvernement qui se réalise dans la subordination

Cloarec   10

de tous, et cette fois sans distinction, au chef du gouvernement dans les conditions fixées par la loi.

Cette situation particulière de l'armée et de la magistrature met en lumière l'inanité de toute prétention à faire rentrer les circonscriptions judiciaires et militaires dans les régions administratives ; il n'y a aucune corrélation à établir entre les limites des unes et des autres, non plus qu'avec les limites des Universités, qui sont d'un domaine aussi spécial et revêtent un caractère d'ordre général, ou du moins très différent de l'ordre administratif.

Paris. — Ce qui précède s'applique aux communes ordinaires ; mais il en est une qui a une organisation tout à fait à part et dont il est bon de parler, c'est celle de Paris.

Dans presque tous les pays, la Capitale est soumise à un régime particulier ; la présence du gouvernement et celle des représentants des gouvernements étrangers donne, en effet, à la ville un caractère national et non plus exclusivement municipal.

A Paris, l'Administration est aux mains de deux Préfets nommés par le gouvernement et d'un Conseil municipal dont les Pouvoirs sont très réduits comparativement à ceux des communes ordinaires. Théoriquement, il serait désirable que la Capitale fut dans un petit territoire isolé où l'Etat serait tout-puissant, c'est ce qu'ont essayé de réaliser les Américains dans une certaine mesure en fixant leur capitale à Washington ; mais la ville a grandi depuis, le territoire s'est peuplé, et le but n'est plus qu'à moitié atteint.

Pratiquement, l'histoire fixe la plupart des capitales dans la plus grande ville du pays. Quels que soient les inconvénients de ce fait, il est de ceux que la science politique nous force à accepter ; il serait vain, en France, de vouloir transporter la capitale dans une petite ville ou à la campagne comme certains l'ont proposé ; ce serait soulever des difficultés inextricables pour une idée théorique que la masse française ne comprendrait pas. Du moins a-t-on jugé avec raison que Paris devait former une unité séparée et on en a fait un département en lui ajoutant sa banlieue. Ce fut la sagesse même.

D'autre part, il est difficile d'admettre qu'un régime par trop différent de celui du reste du pays puisse être appliqué à une agglomération qui comprend le dixième de la population française, car ce dixième évolue alors différemment du reste du pays. De plus, les journaux de Paris sont lus dans la France entière où ils influencent l'opinion, et à l'étranger où ils représentent l'opinion de la France ; ces journaux subissent naturellement l'ambiance de la ville et risquent d'être en désaccord avec l'opinion réelle du pays.

Cette situation n'est pas sans danger, nous en avons déjà souffert au cours de notre histoire et nous en ressentons fréquemment les inconvénients ; il est donc nécessaire que nous cherchions à rapprocher le plus possible les libertés de Paris de celles de la province : l'une et l'autre ont à y gagner. Un péril national pourrait résulter un jour du fait que Paris se serait deshabitué du gouvernement libre alors que la France entière s'y serait façonnée. Tous ceux qui connaissent bien Paris et un coin de province savent que cette crainte n'est pas chimérique.

Or, la meilleure préparation au régime libre, c'est la pratique des libertés municipales, parce que ces libertés sont les plus accessibles à tous les esprits ; on est forcé de convenir qu'à Paris elles n'existent pas en pratique.

Il est normal que la police de la Capitale soit solidement organisée par l'Etat; c'est une affaire de gouvernement, mais on ne voit pas pourquoi tous les autres services sont restés soumis au pouvoir central. Dans l'état actuel des choses, la population est complètement désarmée contre la mauvaise administration . Non seulement ce sont les deux Préfets qui administrent avec des fonctionnaires nommés par eux ; mais le Conseil municipal, dont le pouvoir de contrôle est très réduit, est élu par un procédé qui lui est spécial et qui ôte à la population toute possibilité de sanction. Alors que, partout ailleurs, prévaut le scrutin de liste, ici on pratique le scrutin uninominal. Le problème n'est plus du tout le même que dans le domaine législatif parce que, pour les communes, la liste comporte autant de membres qu'il y en aura dans l'Assemblée et que la liste qui passe détermine à elle seule la composition de tout le Conseil municipal ; dans les élections législatives, au contraire, la liste unique pour la France entière étant impossible pratiquemment, chaque liste, fut-elle régionale, ne nomme qu'une fraction de l'Assemblée, de sorte que celle-ci est toujours formée d'une réunion d'hommes ayant des origines électorales différentes. Lorsqu'un Conseil municipal a mécontenté les électeurs de province, ceux-ci le renversent aux prochaines élections ; à Paris, les électeurs ne peuvent que changer un conseiller sur 80 ; pour créer une majorité nouvelle, il faudrait que 40 quartiers au moins s'entendissent, ce qui est pratiquement impossible. Il en résulte que les Parisiens, sachant l'inutilité de leurs efforts, se désintéressent des élections, ils font de l'esprit sur le dos des uns et des autres comme du temps de Mazarin, mais ils gardent leur administration arriérée. Je ne parle pas des municipalités d'arrondissements, elles ne sont que des trompe l'œil, les maires étant nommés, et n'étant, au fond, que des officiers d'Etat-civil.

En théorie, il peut sembler que la centralisation des Services d'une grande ville permet une administration plus économique ; l'expérience montre qu'il y a une limite pratique dans les deux sens, ce qui est conforme aux bases scientifiques déjà établies. L'Administration de Paris coûte très cher et laisse beaucoup à désirer ; elle absorbe un budget qui dépasse celui de plusieurs Etats tels que la Suède, la Norvège ; en réalité, elle fonctionne sans contrôle et avec une horrible complication qu'augmente la dualité des préfectures. Cette organisation porte la marque de l'Empire soucieux d'éparpiller les pouvoirs pour les dominer facilement.

10.

L'accroissement continu de Paris rend de plus en plus nécessaire une division des services entre les arrondissements : Un groupe de 100.000 à 200.000 habitants permet un outillage municipal très perfectionné et peut posséder une vie réelle, les citoyens ne se sentant plus noyés dans une masse amorphe.

La solution consisterait donc à donner aux municipalités de chaque arrondissement une existence propre en laissant à la population le soin de nommer le maire et un conseil municipal comme dans toutes les villes de France. Les arrondissements seraient sans doute à remanier et on pourrait en diminuer le nombre, les ramener par exemple à une douzaine ; c'est une réforme facile à réaliser. Le Conseil général de la Seine remplirait les fonctions exigeant la réunion des efforts, et le Préfet resterait le chef du département, le tout dans des conditions analogues à celles où opèrent les autres Conseils généraux et les autres Préfets. La dualité des Préfectures doit disparaître, et le service de la police doit être effectué par un sous-préfet spécial relevant de la Préfecture de la Seine et déchargé de toutes les fonctions administratives qui ne sont nullement de son ressort, telle, par exemple, que la direction des Halles centrales.

Une telle organisation repose sur les principes de séparation des ordres d'intérêts et de responsabilités bien déterminées ; elle décongestionnerait les services actuels de l'Hôtel de Ville et permettrait la suppression d'un grand nombre de fonctionnaires, surtout des grands Chefs de service actuels avec les états-majors qui les entourent.

Si on objectait les inconvénients que pourraient éventuellement avoir certaines municipalités dans l'arrondissement comprenant l'Elysée, la Présidence du Conseil et les Ambassades, je répondrais qu'à la rigueur on pourrait concevoir un maire nommé dans l'arrondissement en question, sans pour cela bouleverser l'économie générale de l'organisation, mais je ne considère pas cette mesure comme nécessaire, ni même très utile ; le maintien de la police aux mains d'un fonctionnaire gouvernemental suffit à dissiper toute appréhension.

Je ne puis entrer dans les détails, mais j'ai voulu montrer que la science politique n'est pas une spéculation de l'esprit, qu'elle trouve d'immédiates applications, qu'elle est essentiellement une science de réalisation où il entre quelques règles générales, mais aussi beaucoup de contingences.

Les fonctionnaires. — Avant de quitter ce sujet de l'Administration, il importe de dire un mot des fonctionnaires.

Le pays a un grand intérêt à avoir de bons fonctionnaires, mais il ne faut pas que ceux-ci l'entravent dans son évolution. Les fonctionnaires sont les serviteurs du pays, alors que dans l'ancien régime ils étaient les serviteurs du Pouvoir, c'est à-dire les maîtres du public. Un pareil changement ne s'opère pas sans difficultés ; les fonctionnaires ont peine à comprendre une situation qui leur paraît entraîner

pour eux la déchéance ; la critique les choque comme
une atteinte à leurs droits.

Nos fonctionnaires français sont, pour la plupart,
des hommes méticuleux et probes ; l'organisation
impériale en a fait des sortes d'automates qui exé-
cutent mécaniquement une besogne toute tracée ; on
ne peut du jour au lendemain exiger d'eux l'initiative, le goût des responsabilités, tout ce que l'ancien
régime a systématiquement étouffé en eux. Il n'est
donc pas étonnant qu'il règne chez nos fonctionnaires un certain malaise, qui s'est accentué du fait
de l'intrusion d'éléments étrangers empruntés à la
politique, éléments qui leur ont paru leur enlever
des situations leur appartenant.

Cet état de choses mérite toute l'attention, mais
encore ici, il ne faut pas prendre tout changement
pour un progrès. Sous l'influence des idées allemandes, le mécontentement de nos fonctionnaires
s'est traduit par la demande d'un *Statut des fonctionnaires*. Il ne me paraît pas y avoir de conception plus opposée à notre régime démocratique, donc
plus anti-scientifique puisqu'elle va contre l'harmonie nécessaire.

Un statut des fonctionnaires correspond, en effet,
à la constitution solide d'un organisme extérieur à
la nation et en quelque sorte inamovible. C'est une
idée essentiellement monarchique et autocratique,
puisqu'elle tend à faire de l'organisme exécutif un
bloc irresponsable contre lequel viennent se briser
toutes les réclamations des citoyens. L'inamovibilité

des magistrats soulève déjà des objections, mais elle
répond à des préoccupations d'un ordre spécial ; de
même l'armée a un statut à part pour des raisons de
défense nationale, c'est-à-dire de sécurité. L'ensemble des fonctionnaires, au contraire, doit se plier
aux directions des préfets ou des Conseils, car les
fonctionnaires ne sont que des agents d'exécution
chargés de faciliter au public l'application des décisions prises par les mandataires des citoyens ; tout
statut qui les rend trop indépendants va contre le
but poursuivi. J'entends bien que si on leur supprime la sécurité on leur enlève une partie de leur
ressort, et aussi l'esprit de corps qui a sa valeur opposée à ses défauts, mais je pense qu'il est possible
de leur conserver la sécurité du lendemain tout en
les adaptant à leur rôle dans une démocratie.

Comme presque toujours, le problème se pose
entre deux ordres d'obligations contradictoires et ne
peut se solutionner que relativement, la solution
consiste dans la souplesse et non dans la rigidité :
contrairement à l'idée qui semblait en faveur avant
la guerre, il ne doit pas y avoir un statut des fonctionnaires, mais un statut pour chaque corps. L'un
des principes essentiels doit être la suppression
de ce qu'on nomme les fonctionnaires des administrations centrales ; le roulement doit être continu
entre ces administrations centrales et le service actif
pour une double raison : la première c'est que dans
les bureaux centraux on aura plus d'expérience pratique, la seconde c'est que le cadre sera assez étendu

pour que le chef responsable puisse faire les mutations qu'il estime nécessaires.

Prenez aujourd'hui un service d'un ministère : le directeur de ce service, ou même le chef de bureau, sont pratiquement inamovibles, parce que, en vertu de leur situation acquise, le Ministre ne saurait où les employer ; c'est en vain que le Ministre en reconnaîtrait l'insuffisance, il devrait les maintenir.

Les partisans des fonctionnaires spéciaux des Administrations Centrales craignent que leur suppression n'entraîne une instabilité exagérée ; en fait, les avantages semblent surpasser les inconvénients dans les quelques services où l'inamovibilité des fonctions n'existe pas, telles que l'armée ou la diplomatie, ou telles que les administrations municipales où le grade même n'est pas garanti.

Il faut concilier la stabilité avec le mouvement. Cela peut se faire par la séparation des fonctionnaires en deux branches : une branche fixe, composée de subalternes, sorte d'archivistes servant de répertoires vivants et de dépositaires de la tradition ; une branche plus souple apportant dans la direction la connaissance de la pratique et la faculté d'adaptation aux volontés du Chef responsable.

A l'heure actuelle, un ministre réformateur trouve devant lui la barrière que ses directeurs opposent à l'action ; il n'est pas le plus fort parce qu'il passe tandis que les directeurs restent et parce que la conception si commune de la fausse compétence lui interdit les audaces. Rares sont les Ministres qui osent dire aux Chambres : « Oui, j'ai fait telle chose contre l'avis du directeur de mon ministère parce que le bien public l'exigeait ». L'événement prouverait, le plus souvent, qu'il a eu tort parce que toute la machine fonctionnerait en désaccord avec son initiative et la ferait échouer.

On dira que ce frein est nécessaire pour arrêter certains ministres ignorants ; je répondrai qu'un système ne doit pas être fait pour les incapables, mais pour faciliter l'action des hommes capables. Les ignorants doivent être écartés et ils le seront si on organise la responsabilité comme j'ai essayé de l'indiquer sommairement.

Ce qui précède ne s'applique pas à tous les fonctionnaires, mais à ceux qui détiennent une partie de l'autorité publique ; il en est d'autres, multipliés ces dernières années, qui sont en réalité des ouvriers d'une entreprise ; ceux-ci doivent être, suivant le cas, ou enregimentés et soumis à une discipline militaire, ou traités comme des ouvriers libres. Comme toujours, il faut définir nettement les situations si on veut obtenir des résultats positifs.

La réforme administrative est l'une des plus importantes, peut-être la plus importante de l'heure présente ; elle ne peut être réalisée qu'en s'inspirant de la conception nette du rôle des fonctionnaires dans une démocratie, rôle qui ne peut être le même que dans une autocratie. Faute d'harmonie avec le système politique, l'Administration ne peut être que désordonnée.

CHAPITRE V

ÉCONOMISME ET SOCIALISME

Les principes qui se sont trouvés si féconds pour éclairer les bases de la vie nationale ne le sont pas moins pour éclairer celles de la vie économique, intimement liée d'ailleurs à la politique. Tous les économistes ont eu le sentiment tellement vif de cette liaison que leur science a pris le nom d'économie politique. Ce terme est impropre de par son étymologie, mais il a de plus l'inconvénient d'être trompeur : la science économique n'est pas la science politique, pas plus qu'elle n'est la science sociale. On confond fréquemment ces trois termes, il serait nécessaire de les bien distinguer en précisant leur sens.

La science économique a pour but d'établir dans son domaine spécial les lois de nature, la science sociale de fixer les rapports entre les hommes ; mais, tandis que les économistes purs prétendent que les

lois de nature sont inéluctables et qu'il n'y a qu'a
s'y soumettre, une autre école, dite socialiste, prétend qu'il dépend de la seule volonté humaine de les
éluder à sa guise.

Il est facile de montrer que les lois économiques
sont le plus souvent cruelles, comme toutes les lois
naturelles : elles agissent comme la liberté absolue
pour écraser le faible à l'avantage du fort ; mais il
est facile de démontrer aussi que la volonté de
l'homme est impuissante à créer un état de choses
arbitraire : nous avons vu, au cours de la guerre,
les désordres causés par cette prétention de régler les
questions économiques au moyen de décrets inspirés
de seules idées préconçues. Les lecteurs qui se sont
assimilés les notions de relativité et de morale, auront
formulé d'eux-mêmes que la solution indiquée par
la science politique sera celle qui tiendra compte et
des lois économiques et de la morale et des circonstances.

Science économique. Science sociale. Science politique. — Je suis ainsi amené à proposer de faire
cesser la confusion qui existe chez la plupart des
auteurs entre tous les termes usités dans l'étude des
phénomènes politiques, et de réserver le nom de
science économique (à l'exclusion du mot « politique ») à l'étude des lois de nature, le nom de
science sociale à l'étude morale des problèmes, le nom
de science politique à l'étude des solutions pratiques.
De l'une à l'autre de ces sciences la relativité
augmente.

Cloarec   - 11

Pour mieux me faire comprendre, j'emploierai une comparaison qui, étant un peu forcée, fera bien ressortir ma pensée. Les économistes purs sont comparables à des savants qui, ayant établi le caractère scientifique de la foudre, déclareraient chimérique de vouloir s'y soustraire, les socialistes purs sont comparables à des hommes qui, indignés des méfaits de la foudre, prétendraient imaginer empiriquement des paratonnerres, les politiques cherchent à construire un paratonnerre scientifique variable suivant les conditions de l'objet à préserver.

Si cette notion était bien comprise, nous ne verrions plus les partis se disputer en arguant des solutions auxquelles la force des choses amène successivement les gouvernants; et nous verrions les gouvernants s'abstenir des généralisations en pareille matière. De telles erreurs sont le fruit de la persistance de notre mentalité théologique ou absolue.

Comme cette considération est essentielle, je crois nécessaire de la faire ressortir dans quelques exemples :

Supposons que la production du blé diminue : l'économique établit que le prix du blé montera, mais qu'aussitôt la loi de l'offre et de la demande poussera à l'accroissement de la production d'où résultera l'abondance et la baisse des prix, cette baisse arrêtera la production et ainsi de suite. Il n'y a qu'à laisser faire.

Les socialistes purs disent au contraire : « Nous

sommes affligés de voir le pain cher, décrétons un maximum pour le prix du blé, nous obtiendrons un résultat immédiat.

La réalité n'est ni d'un côté ni de l'autre. La théorie économique suppose le terrain illimité et ne tient pas compte des crises, elle considère la moyenne, comme on le fait en mathématique. Mais, en fait, la terre n'est pas illimitée et on ne vit pas en moyenne ; l'homme ne peut s'habituer à un régime qui lui procure l'abondance un jour, la disette le lendemain. Il peut se produire un accaparement des terres qui entrave la production, il peut y avoir un défaut d'instruction technique qui ruine un pays, il peut y avoir un arrêt des transports, une guerre économique ou militaire qui empêche les arrivages de l'étranger. Si un pays voisin emploie, comme le faisait l'Allemagne, des procédés de *dumping*, c'est-à-dire fausse toutes les conditions de prix, le pays qui laisse tout faire est ruiné, il tombe sous la dépendance économique de ce voisin. Ce résultat obtenu, celui-ci augmente ses prix. La théorie indique qu'alors la culture pourrait renaître ; en pratique il n'en est rien parce que cette culture exige des instruments qui ont disparu, des engrais, etc... et qu'il est facile d'exercer le *dumping* de telle manière qu'il entrave successivement toutes les industries ou tous les commerces nécessaires au relèvement agricole. De plus, quelles que soient les raisons qui ont tué une industrie, un pays ne peut, sans désordre évident, transformer indéfiniment et instantanément son genre de production, les compétences ne se transforment pas ainsi à volonté.

La théorie socialiste mène de même à la ruine : l'expérience montre que l'établissement du maximum détermine la hausse indéfinie des prix et la raréfaction des produits. Nous avons constaté, au cours de la guerre, la création de marchés clandestins pour tous les produits taxés, et les produits ont disparu du marché public. Ce phénomène s'est manifesté lorsque le maximum a été fixé au-dessus du cours du moment aussi bien que lorsqu'il a été fixé au-dessous. Le mécanisme est le suivant : Le producteur considère le prix maximum comme un minimum, « j'ai le droit de vendre ce prix-là, donc je vends ce prix-là. » Alors intervient le jeu du transport et de l'intermédiaire : Le producteur vend au maximum sur place, le revendeur refuse de vendre sans bénéfice, ce qui est naturel ; il demande à grever la marchandise des frais et de ses bénéfices ; il démontre ainsi facilement au Pouvoir Public taxateur que le maximum est trop bas ; on le relève : aussitôt le producteur prend ce nouveau prix comme base, et ainsi de suite. La taxation différente chez le producteur et chez le vendeur ne remédie pas au défaut, car la spéculation intervient ; elle agit à coup sûr à l'abri de la taxe, elle constitue des stocks et force le consommateur à surpayer d'autant plus qu'elle court plus de risques de poursuites et qu'elle fait valoir ses difficultés à se procurer toutes choses.

Dès que la taxe cesse, le contre poids de la concurrence se fait sentir. Au début de 1919 les œufs étaient taxés, ils coûtaient 0 fr. 60 pièce ; en février on supprima la taxe : en trois jours les œufs tombait à 0 fr. 45, et en dix jours à 0 fr. 35.

Il faut tenir compte aussi des répercussions impossibles à prévoir. On taxe le lait, aussitôt son prix monte, et celui dès fromages monte plus encore. On poursuit les marchands de lait, le lait disparaît on ne fait plus que des fromages ; on poursuit les marchands de fromage, le producteur donne son lait à ses porcs parce que la viande de porc lui rapporte davantage. Aussitôt la taxe supprimée le prix baisse.

Le libre jeu des lois économiques a produit un désordre égal : Le Commerce des vins a été libre. Le simple jeu de l'offre et de la demande a fait monter à 85 francs des vins qui valaient 10 à 12 francs l'hectolitre avant la guerre ; arrivé au consommateur, ce vin a atteint 230 francs.

La solution politique a été donnée par certaines villes dont les municipalités ont été mieux inspirées que le gouvernement. Ces villes ont institué des coopératives d'achat, quelquefois il a même suffi de menacer les commerçants d'en instituer. Le maire de R. appelle un jour les bouchers, discute avec eux et leur demande de fixer les prix. Il juge ces prix trop élevés. Il fait acheter douze bœufs et réunit de nouveau les bouchers, les menace de vendre ses douze bœufs au prix de revient, les bouchers s'inclinent et achètent les bœufs.

Vous voyez ici fonctionner les lois naturelles, l'offre

et la demande, la concurrence et, en face, intervenir la morale ; vous voyez en même temps comment la science politique appliquée par ce maire,
qui en a eu l'intuition, lui a donné la décision, alors
que nos ministres, englués par une administration
imbue d'idées absolues, flottaient à tous les vents.

Prenons un autre exemple très différent : celui du
régime minier. La loi de 1810 établissait un régime
de concessions laissant tous les risques et tous les
bénéfices au concessionnaire d'une mine. Sous
l'empire de cette loi, la demande est un billet de
loterie ; afin d'augmenter ses chances, l'industriel
demande dix, douze concessions ; une réussit et le
dédommage de la perte sur les autres. Somme toute,
en moyenne il y a perte, mais cette perte est pour les
actionnaires des affaires qui se sont trouvées mau-
vaises, car le concessionnaire, — je parle uniquement de celui qui est honnête, — prélève ses frais
sur les comptes généraux, il ne gagne que sur les
affaires qui se trouvent bonnes et alors il gagne avec
les actionnaires. Ce système fonctionne, en somme,
au bénéfice de la communauté, mais au détriment de
beaucoup de petits capitalistes alléchés par des succès
dont ils n'ont pas mesuré la rareté ; il réussit en
moyenne, c'est le système des économistes.

Les socialistes purs interviennent, déclarent ce jeu
immoral, protestent surtout contre les gains injus-
tifiés d'hommes qui se trouvent acquérir une fortune pour avoir eu le flair d'acheter une action
d'avenir ; le jeu même, disent-ils, est faussé car

l'Etat sait donner les bonnes concessions à ses amis,
ils demandent donc la suppression du régime des
concessions et une réglementation étroite permettant
l'intervention de l'Etat pour bénéficier du gain en cas
de réussite. Le résultat, c'est l'arrêt de nos exploita-
tions minières.

Les socialistes s'en réjouissent pensant que l'Etat
prendra en mains l'exploitation pour le bien de tous.
Un moment de réflexion fait comprendre que l'Etat
ne peut courir ce risque. On n'imagine pas un
Ministre venant dire à la tribune qu'il a englouti un
million dans une mine qui n'a rien rapporté, mais
qu'il demande un autre million pour recommencer
l'expérience, puis renouvelant sa demande six mois
après.

L'esprit absolu a mené encore ici à l'indécision
qu'une solution relative peut seule supprimer, solution dans laquelle ou tiendra équitablement compte
du risque et du droit de l'Etat sur les richesses
naturelles. Cet esprit absolu nous coûte très cher
puisqu'il nous oblige à acheter à l'étranger des matières premières que nous pourrions avoir chez nous,
elle prive de nombreux ouvriers de salaires qu'ils
auraient gagnés, il nous ruine par tous les bouts ; je
montrerai plus loin la solution politique, il me faut
auparavant expliquer le mécanisme du travail.

La propriété. — Il serait facile de multiplier les
exemples, je n'en citerai plus qu'un seul parce qu'il
est de première importance, c'est celui de la propriété.

L'esprit absolu a défini autrefois la propriété le droit d'user et d'abuser : Aux termes de la théorie, dite avec raison libérale puisqu'elle s'appuie sur la liberté absolue, telle que je l'ai montrée plus haut, un homme a le droit de faire de sa propriété ce qu'il veut, même de la détruire si tel est son caprice.

Aux termes de la théorie socialiste, la morale s'oppose à ce qu'un homme meure de faim à côté d'une richesse dont le propriétaire ne se sert pas, l'égalité même exige que ce droit de disposer d'une richesse déterminée ne soit pas réservé à un homme, mais appartienne à tous.

La première conception mène aux révoltes agraires, et ouvrières parce que le paysan ou l'ouvrier sont obligés de vivre là où ils sont, parce que la terre n'est pas illimitée et parce que tous les moyens de production ont un maître. Il y a quelques années, les propriétaires d'Écosse voulurent transformer toutes leurs propriétés en chasses et refusèrent de louer leurs terres : une jacquerie éclata qui les força à abandonner leurs projets. Pour des raisons analogues, les jacqueries étaient incessantes dans l'ancienne France ; encore à l'heure actuelle, certains propriétaires spéculant sur le désir des très pauvres de devenir fermiers, morcellent leur terres au delà de ce qui permet à un fermier de vivre, ils préparent une jacquerie. Il en est de même dans le domaine industriel pour l'ouvrier.

La seconde conception mène à la misère et à la révolte parce que, faute d'appropriation, la richesse s'évanouit. Si la terre n'est à personne, nul ne la cultivera puisque nul n'aura la garantie de jouir du fruit de son travail ; la terre est un capital comme une usine, comme un outil, or sans capital le travail ne produit rien. Si la propriété de la terre n'est pas assurée, celle de l'outil ne le sera pas non plus et l'humanité reviendra à l'âge des cavernes : le droit du plus fort règnera dans toute sa pureté pour ressusciter la lutte sans frein des appétits.

Il n'est pas douteux que, dans le monde moderne, toute propriété a profité dans une certaine mesure de l'œuvre collective de la civilisation, il est donc naturel que la collectivité réclame sa part et, en fait, elle a toujours prélevé cette part au moyen des impôts. Mais l'œuvre collective n'aurait été rien sans l'œuvre personnelle, il serait donc immoral que sous prétexte qu'il en a le pouvoir l'Etat dépouillât le particulier, ce serait revenir à la théorie allemande. « L'Etat, dit Hégel, a seul des droits parce qu'il est le plus fort ». De plus, ce dépouillement de l'individu va contre l'intérêt de tous, car l'expérience montre que l'Etat produit mal parce que l'intérêt collectif n'est jamais un aiguillon comparable à l'intérêt privé.

S'il était besoin de trouver une nouvelle preuve de la nécessité de la propriété individuelle, nous citerions la guerre de 1914. En face de grandes crises de ce genre, l'Etat ou la collectivité resteraient impuissants sans la propriété individuelle puisque seule, elle peut constituer une réserve considérable où l'Etat puise par le mécanisme de l'emprunt ; et si nos emprunts de guerre n'ont pas donné de plus grands résultats que ceux obtenus, on le doit aux fautes inexcusables contre la propriété qui ont tué les sources de richesse, à l'ignorance avec laquelle a été menée notre politique financière, à la confusion entre la monnaie et la richesse, en un mot à l'empirisme.

Mais puisque la science politique nous montre que la propriété moderne est relative, ceux qui croient la défendre en repoussant toute limitation travaillent à sa destruction, tout comme ceux qui en demandent la suppression. Une telle conclusion choquera des esprits habitués à l'absolu ; mais, que les faits nous gênent ou non, ils s'imposent à nous et nous ne pouvons pas les nier, nous pouvons seulement les interpréter afin de les adapter dans une certaine mesure sous l'inspiration de la morale.

Capital et travail. — A la lueur de ce qui précède, il sera désormais facile d'élucider la plupart des problèmes qui agitent le monde du travail. Ces problèmes sont de deux ordres différents ceux qui ne mettent pas en opposition les employeurs et les employés, ceux, au contraire, qui mettent en relief cette opposition.

La production. — Quel est le but de l'humanité au travail ? C'est de donner au plus grand nombre possible d'hommes, le plus de produits possible ; la solution comporte donc la production et la répartition. Produire beaucoup est la première condition, car s'il n'y a pas de produits on ne pourra rien répartir ; mais si certains prennent tout, il ne restera rien pour les autres. La production est la première nécessité, par évidence même, et l'on peut dire que, jusqu'à un certain point, l'abondance déborde toujours malgré la répartition défectueuse. La production est la loi de nature, la répartition est la loi sociale, la réalisation sera la loi politique.

Pour obtenir beaucoup de produits, il faut savoir produire : des mesures générales comme l'enseignement professionnel ne sauraient donc soulever d'objections, la politique nous indiquera les modalités. Pour produire il faut du capital et du credit, car le capital c'est la matière et l'outil que le travail doit utiliser, le crédit c'est un moyen d'escompter le capital et d'en accroître la puissance ; il est donc fou de détruire le capital ou d'entraver le crédit.

Le capital peut être privé ou collectif, c'est une affaire de répartition et, d'après ce que j'ai établi plus haut, il doit y avoir du capital privé et du capital collectif, le plus possible de l'un et de l'autre. Quant au crédit, si chacun en comprenait bien le mécanisme, il serait facile de l'organiser au bénéfice de tous et, par la science politique, on contraindrait aisément les grands établissements, qui aujourd'hui fonctionnent d'après la seule loi économique, à rendre au public des services appuyés sur la morale.

Il est un autre élément essentiel de la production, c'est le transport. Si on considère un grain de blé depuis sa maturité jusqu'au moment où il aura produit l'épi, et par suite le pain qui vient sur notre table, on le voit transporté au grenier, puis rapporté à la terre, retransporté au moulin, puis chez le boulanger, puis chez nous. Mais ce n'est là qu'un côté de la question : Pour que ce blé germe, il a fallu préparer la terre, se servir d'instruments faits de bois et de fer. Le bois a été transporté de la forêt à la scierie, puis chez le marchand de gros, puis chez le détaillant, puis chez le fabricant ; le minerai de fer, a été sorti de la terre, transporté dans le haut fourneau, puis à la forge, puis à l'usine ; la charrue a été transportée plusieurs fois avant d'arriver chez le laboureur. J'en passe, sans compter les transports, d'un pays à l'autre, des personnes ou des matières, transports qui ont nécessité des chemins de fer, des bateaux dont la confection a exigé de nombreux transports. Si on additionne toutes les répercussions, on voit le rôle énorme du transport dans la vie. Le transport est donc un élément de richesse comme le capital, et l'universalité des citoyens a un intérêt énorme à son développement.

On ne peut donc traiter la question des transports comme une question commerciale quelconque. C'est là cependant une erreur commune, commise par la plupart des hommes qui ont discuté sur le régime des chemins de fer ou des bateaux.

Pour les chemins de fer français, la liberté commerciale existe-t-elle ? Y a-t-il concurrence ? Evidemment non, puisque chaque réseau a pratiquement le monopole d'une région. Pour les bateaux, y a-t-il concurrence ? Oui, puisque la mer est internationale, mais les armateurs des différentes nations ne sont pas sur un pied d'égalité par suite des conditions géographiques et économiques. Dans chaque cas, nous devons donc nous inspirer, non d'idées purement économiques ou absolues, encore moins d'idées purement socialistes ou arbitraires, mais d'idées politiques. Grâce à notre ignorance de la science politique, nous avons en France des chemins de fer qui nous coûtent très cher en garanties d'intérêt et fonctionnent mal, nous avons, de même, une marine marchande qui grève lourdement notre budget et ne soutient pas la concurrence mondiale.

L'expérience de la guerre a mis en lumière, avec une intensité douloureuse, les résultats de notre manque de précision dans les idées directrices. Par suite de notre empirisme, nous avons payé plusieurs milliards en pure perte aux Chemins de fer et aux armateurs étrangers, sans compter l'énorme gaspillage résultant de la mauvaise organisation de nos ports. Nous ne pouvons continuer ainsi sans aller à la ruine et nous ne trouverons de remède que dans la politique scientifique, aussi loin du simple jeu des lois économiques que des solutions arbitraires.

Le capital qui se traduit en outillage, l'instruction qui en améliore l'emploi, les transports qui sont l'un des principaux éléments du prix concourent donc à développer la production pour le plus grand bénéfice de l'humanité entière. Tous les hommes d'un même pays en profitent, mais le pauvre plus que le riche puisqu'il est évident que s'il n'y a pas assez d'objets pour tout le monde, ce sont les riches qui les auront seuls.

On voit combien agissent contre leurs propres intérêts les ouvriers qui ruinent les industries existantes, détruisent du capital, limitent la production ou arrêtent le développement du machinisme.

LA RÉPARTITION. — La seconde partie du problème, celle qui concerne la répartition, est plus difficile à régler parceque les différences entre les bénéficiaires frappent davantage les yeux, et aussi parce que la valeur de l'intervention de chacun est mal définie par suite de l'absences de netteté due à l'esprit absolu dont j'ai fait si fréquemment ressortir les erreurs.

Le propriétaire du capital a généralement conservé, comme le propriétaire terrien, la notion de son droit d'user et d'abuser de son capital, il s'estime le maître absolu de l'utiliser aux conditions qu'il pose ; il reste attaché à la notion des économistes d'après laquelle sa liberté, loi de nature, n'est limitée que par les autres lois naturelles telles que la concurrence, l'offre et la demande.

Il est facile de montrer que, dans notre monde moderne gouverné par la relativité et la morale, on ne saurait admettre ce droit absolu allant jusqu'à la destruction ou à la faculté de ne pas utiliser l'outil qui est nécessaire à l'existence des autres hommes ; le capitaliste a le droit d'user, il n'a plus celui d'abuser. La détermination de cette limite entre l'usage et l'abus justifie une intervention de la collectivité basée sur la morale, c'est-à-dire sur la défense du droit de tous.

Ce droit de limitation a amené les doctrinaires du socialisme à justifier l'interventionnisme absolu et a même conduit certains 'd'entre eux à professer que la possession du capital était un dol au détriment de la société entière. S'appuyant, d'autre part, sur le fait que le capital ne produit rien par lui-même sans le travail, ils ont conclu que le gain obtenu appartenait au seul travailleur.

Nous retrouvons là, de part et d'autre, l'erreur absolue qui fausse toute notre organisation politique et sociale. Le travail sans capital est aussi impuissant que le capital sans travail, car un ouvrier sans outil est aussi impuissant qu'un outil sans ouvrier. L'un et l'autre n'aboutissent à rien si l'ouvrier ne sait pas ou ne peut pas utiliser l'outil, ou s'il ne coordonne pas ses efforts avec ceux du voisin. Aucune industrie ne peut donc fonctionner sans capital, sans ouvriers, sans directeur et sans l'intervention de la Société pour assurer l'ordre. La répartition doit donc être faite équitablement entre ces éléments nécessaires, et l'on voit combien se trompent ceux qui veulent détruire l'un ou l'autre sous prétexte que cet autre prend une part dans le bénéfice.

Il y a là une erreur comparable à celle qui pousserait un acheteur à ruiner son vendeur, ou un vendeur à ruiner son acheteur : les intérêts de l'un et de l'autre peuvent sembler opposés, et ils le sont en partie, mais ils sont communs sur une autre partie puisque chacun a besoin de l'autre.

Pour élucider le problème du rapport de l'ouvrier avec son patron, voyons d'abord fonctionner la loi naturélle. C'est celle de l'offre et de la demande. Le patron offre le salaire qu'il veut, l'ouvrier n'accepte que le salaire qu'il veut. En fait, quand deux patrons cherchent un ouvrier les salaires montent, quand deux ouvriers cherchent un patron les salaires baissent. L'expérience nous montre que, sauf les cas de crise, il y a toujours des ouvriers à la recherche de patrons, donc la règle est ce qu'on a appelé la loi d'airain : les salaires sont toujours au taux le plus bas que permette le maintien strict de l'existence de l'ouvrier.

La liberté de l'ouvrier est illusoire puisqu'il ne peut trouver ailleurs d'autres conditions que celles que lui fait son patron actuel ; de là sort une nouvelle preuve de l'erreur commise par l'ouvrier qui s'attaque au capital puisqu'en le diminuant il diminue le nombre des patrons, ayant besoin d'ouvriers ; mais de là aussi sort la preuve de la cruauté de la loi naturélle et de la nécessité de corriger cette loi par la morale.

Le socialisme. — Telle est, en effet, la solution à laquelle sont arrivés tous ceux qui ont étudié la question en partant des idées françaises ; telle était la doctrine du parti socialiste de 1848.

Mais, en face de cette conception, se dresse la conception allemande, celle du droit du plus fort. La loi d'airain, dit le socialiste allemand, est inévitable, il n'y a qu'un moyen de la vaincre c'e-t d'être plus fort qu'elle. Si les ouvriers se groupent, ils seront les plus forts par la grève, et au besoin par le sabotage systématique ; alors ils imposeront leurs prix sans autre limite que leur bon vouloir, ils organiseront la production à leur gré en s'emparant du capital, ils en auront le droit puisqu'ils seront les les plus forts. Telle est, la doctrine de la social démocratie allemande ; elle se résume par les deux principes de la lutte des classes et de la socialisation des moyens de production ; elle prétend agir en dépit des lois de nature qu'elle considère comme des créations du patronat.

Pour l'esprit scientifique, la doctrine économiste et la doctrine de la social démocratie sont, on le voit, identiques quant au fond, toutes deux reposent sur la conception de la liberté sans limites et sur l'absence de la morale dans la politique. Les économistes se croient au pôle opposé des socialistes, en réalité ils ont la même notion fondamentale, les deux doctrines s'engendrent l'une et l'autre. Et cela est si vrai que la plupart des économistes allant au bout des conséquences de leurs théories voient dans le libre jeu des forces naturelles la solution de cette opposition. Lorsque, disent leurs théoriciens, par la grève, les ouvriers auront ruiné l'industrie, ils seront acculés à la misère, ils seront donc très nombreux à chômer et accepteront alors des salaires réduits, de sorte que l'équilibre sera rétabli.

Cette conception aboutit à un mouvement de bascule entre deux forces luttant entre elles et amenant successivement la mi-ère et le désordre social. Ce n'est pas que les économistes soient inhumains comme les en accusent certains hommes de parti ; beaucoup sont personnellement très charitables, mais ils estiment que la bonté du cœur est une chose distincte des lois sociales, et qu'on fausse le mécanisme en mélangeant les deux ordres d'idées. Le lien qui unit la morale à la science politique échappe aux uns et aux autres parce que leurs esprits sont sous l'influence d'idées absolues.

Il est maintenant facile de voir que le mot de *socialisme* cache, comme beaucoup d'autres, des idées bien différentes les unes des autres. En principe, le socialisme c'est l'application de la science sociale ; en pratique, le manque d'esprit scientifique que j'ai déjà maintes fois signalé entraîne l'adoption d'une solution empirique à laquelle les partis politiques adhèrent avec une foi d'autant plus intransigeante qu'elle est moins scientifique. Faute de mots suffisamment définis, je suis bien obligé d'employer comme tout le monde le terme *socialisme* dans des sens très différents, j'essaierai d'éviter, autant que possible, les confusions d'idées.

Les socialistes français de 1848 : Saint-Simon, Louis Blanc, Fourier, fondaient leur doctrine sur la bonté, l'harmonie, l'union, l'amour ; les déformations même de leur pensée, leur exagération les poussaient à des rêves bleus. Quelques-uns, comme Enfantin, allaient jusqu'à déclarer que l'amour suffit à tout, et leur esprit absolu les poussait à des débordements étranges sous lesquels la doctrine sombra.

Au contraire, le socialisme contemporain, issu de la doctrine allemande, est basé sur la haine. Cette différence fait bien ressortir les mentalités des deux races et explique aussi le désordre que cause la théorie allemande dans un cerveau français quand on a réussi à la lui imposer.

A la suite de la guerre de 1870, quelques théoriciens socialistes se laissèrent gagner par la logique de Lassalle et de Karl Marx ; ils avaient été influencés par la victoire allemande, s'inclinaient devant la supériorité que semblait indiquer cette victoire ; suivant un phénomène bien connu, les idées du peuple victorieux apparaissaient comme supérieures. Ce phénomène est une loi de nature, une application du droit du plus fort que subissent les esprits incapables de réagir. Cette doctrine marxiste était cependant si contraire à notre mentalité celtique que ses promoteurs eurent la plus grande peine à la faire accepter en France et n'y réussirent qu'en mettant au premier plan l'idée humanitaire ; c'est en faisant miroiter à leurs yeux une idée de fraternité internationale, de justice universelle, qu'on réussit à entraîner l'adhésion des ouvriers socialistes français.

Le malentendu a éclaté avec la guerre.

LA SOCIAL DÉMOCRATIE. — Les socialistes allemands ne voyaient dans leur organisation qu'une force

qu'il fallait faire servir aussi bien contre les préten-
dus frères de l'Internationale que contre le capitalisme allemand. Le gouvernement impérial avait
compris l'avantage qu'il pourrait tirer de cette situation, et il avait appuyé de toutes ses forces l'Internationale dont le bureau Central était à Berlin « Mes
socialistes à moi ne sont pas dangereux », disait
Guillaume II avec raison, car il savait bien qu'il ne
s'agissait que d'orienter ce socialisme pour le faire
obéir, que si on lui montrait la force et l'avantage
matériel du côté de l'Empire, il marcherait sous les
ordres de l'Empereur puisque « en Allemagne nous
ne croyons qu'à la force » dit-il une autre fois.

En effet, au jour de la guerre, la Social-démocratie
a emboîté le pas à l'aristocratie de naissance et d'argent qu'elle prétendait combattre, et elle a tenté de
soulever les ouvriers contre leurs patrons dans les
pays ennemis. Ses chefs l'ont avoué avec cette naïveté inconsciente qui est le propre de l'âme germanique. Lorsque Jaurès, à la tête des socialistes français, demanda aux chefs du socialisme allemand, en
un Congrès tenu à la veille de la guerre, de faire la
la grève générale, c'est tout juste s'ils n'éclatèrent
pas de rire, mais ils engagèrent les Français à faire
grève afin de faire triompher l'organisation allemande dont leur orgueil proclamait la supériorité.
« C'est l'intérêt des ouvriers allemands, dit Schei-
« deman, que l'industrie allemande soit prospère et
« que la patrie allemande soit forte ». En février
1919, Naumann l'un des principaux hommes poli-

tiques du parti écrit encore à l'usage des socialistes étrangers. « Il faut que l'Allemagne soit puissante « pour que le socialisme puisse commencer son « œuvre. » L'Allemagne ayant été vaincue, la Social-démocratie s'efforce de persuader aux socialistes des autres nations qu'elle seule peut mener le socialisme grâce à son organisation supérieure dont elle a l'orgueil profond et indéracinable, et dont elle essaie d'imposer l'admiration aux Français et aux Anglais pour les soumettre à ses directions.

Il y a en Allemagne quelques dissidents dont Leibnecht fut le plus marquant. On les laissait parler parce qu'ils avaient une action sur les socialistes du dehors, mais ils n'avaient aucune influence et il a fallu la défaite pour grouper autour d'eux des mécontents ; le gros du parti socialiste, en arrivant au pouvoir, a combattu énergiquement les spartakistes et a continué la politique de l'empire dont il a même conservé le nom, il reste allié aux gros industriels et à la noblesse allemande.

Il y a là un phénomène, qu'il est important de faire comprendre. La Socialdémocratie fait partie intégrante de l'organisation allemande dont on a voulu imposer l'imitation aux pays voisins, notamment à la France, sans en expliquer le caractère fondamental, sans montrer à quelles conditions cet organisme pourrait fonctionner.

La base du système est la main-mise de l'État sur la direction générale de la vie, aussi bien individuelle que commerciale ou industrielle. « *L'indi-*

vidu, dit Ostwald, n'est qu'un rouage du mécanisme *Etat* ».

Voici le mécanisme tel qu'il fonctionnait en 1914 : Au sommet se trouve une aristocratie d'argent alliée à l'aristocratie militaire et groupée autour de l'empereur qui se proclame le commis-voyageur de son industrie. Imbue de l'idée que la force justifie tout puisqu'elle crée le droit, cette industrie organise toutes les méthodes de *dumping*, c'est-à-dire toutes les méthodes par lesquelles on peut dominer le marché mondial sans se soucier d'aucune morale ; ce sont les cartels, les ristournes secrètes, la vente à perte à l'étranger jusqu'à ce que l'adversaire ait été obligé de céder la place après quoi on relève les prix sans concurrence, c'est l'espionnage commercial grâce auquel on vole les clients, les marques de fabrique et les procédés d'usines, c'est encore l'usage d'une caisse noire par laquelle on soutient une banque ou une compagnie de navigation pour qu'elles puissent faire un crédit exagéré ou naviguer à perte.

Tout cela se fait dans les autres pays, mais ce sont des particuliers peu doués de morale qui le tentent, leur réussite est limitée et incertaine à cause de la coalition des intérêts lésés ; en Allemagne c'est l'Etat qui donne le branle et qui dirige les opérations. La machine est irrésistible en face d'adversaires agissant individuellement.

Si ces adversaires regimbent, on fait sonner le sabre dans le fourreau, on menace. Il faut donc une puissance militaire développée. « Peu importe que

« l'on nous aime, dit Bismarck, si l'on nous craint ».
Cette puissance militaire adopte comme doctrine la
cruauté systématique, la terreur, tout ce qu'inspire
la croyance en la seule vertu de la force.

Pour que l'Etat possède cette armée prête à tout,
il faut armer le peuple entier, il faut associer ce
peuple à la conception du pillage, il faut lui montrer la guerre *fraîche et joyeuse*, comme disait le
Kronprinz en 1914, il faut sans cesse partager avec
lui le butin. Mais comme on a inculqué au peuple le
seul respect de la force, il faut que l'Etat soit fort
afin d'être respecté, et il faut qu'il fasse figure de
protecteur indispensable.

De là viennent les lois réglant les heures de travail et les salaires, imposant l'apprentissage, orga-
nisant les soins aux malades, les retraites aux
vieillards, tout un régime spécial aux ouvriers depuis l'allaitement jusqu'à l'école et à l'atelier, jusqu'à la mort. Ces lois sont impitoyablement ap-
pliquées, et l'ouvrier qui tente de s'y soustraire
tombe sous les menaces du Code pénal. S'il ne mène
pas son fils à l'école, s'il ne paie pas sa cotisation de
retraite, il est condamné à la prison ; on lui assure
son pain, on l'exempte d'impôts à la condition qu'il
obéisse ; il forme dans la nation une classe à part
que l'on tient par la force, classe qui est dans une
situation en somme équivalente au servage.

Quelle est, en effet, la différence essentielle entre
le serf ou l'esclave et l'homme libre ? C'est que le premier a un maître qui l'élève, le nourrit, le fait tra-

vailler, le punit et le fustige s'il n'obéit pas ; le second doit compter sur lui-même, il lui faut de l'initiative, du discernement, de la vertu ; il est plus difficile d'être homme libre que d'être esclave, et si le maître pourrit bien beaucoup d'esclaves ne songent pas à la liberté.

Ceci ne veut, naturellement, pas dire que la liberté doit s'acheter par la misère ; (à ce prix trop d'hommes ne pourraient l'accepter), mais que l'organisation d'un peuple libre ne peut être celle d'un peuple esclave. Je montrerai plus loin comment cette observation doit s'appliquer à notre pays, je veux d'abord achever de démonter le mécanisme allemand.

Pour que la masse reste disciplinée, il faut toujours lui donner la pâture, il faut améliorer son sort matériel pour la convaincre qu'elle a tout intérêt à ne pas réclamer sa liberté ; il faut donc que le budget augmente sans cesse ses générosités et il faut que les dirigeants fassent de plus en plus d'affaires pour satisfaire aux besoins croissants de leurs serfs, il faut donc que l'aristocratie industrielle envahisse les marchés étrangers, qu'elle impose ses marchandises à des peuples de plus en plus nombreux, et cela de gré ou de force ; par le *dumping* ou par les armes il faut qu'elle impose son hégémonie mondiale ; et l'on voit ainsi comment l'organisation germanique est intimement liée à la guerre que les Allemands proclament sainte et génératrice de vertus. Guillaume-II, à la veille de la guerre, reconnaissait

lui-même en un discours public que « le gouverne-
« ment est difficile en un pays où l'organisation
« tend chaque jour la situation ».

Cet aspect de la question est nécessaire pour comprendre la guerre de 1914 et pour établir des bases solides de paix.

En 1914, le budget allemand était devenu écrasant malgré tous les artifices qui ont trompé tant de Français. Nombre de nos compatriotes comparaient le budget d'Empire au budget français, oubliant que les dépenses étaient réparties entre l'Empire et les Etats, négligeant de noter que la plupart des services allemands jouissent de l'autonomie financière et qu'ils ne figurent dans les budgets que pour la différence qu'ils font ressortir entre les dépenses et les recettes, tandis que les chiffres apparaissent chez nous en totalité. Tout compte fait, un Allemand payait environ le triple de ce que payait un Français de même situation.

Par l'exagération de leur crédit, les banques allemandes avaient tellement tendu la situation financière qu'un Krach paraissait inévitable. A plusieurs reprises les banques françaises et anglaises avaient secouru les banques allemandes et, en le faisant, elles avaient retardé la guerre ; mais, comme l'exposait le *Morning Post* en 1918, l'Allemagne prenait ainsi l'habitude de se servir des dépôts de nos banques comme d'argent à son service, elle était comme une pieuvre suçant le sang de ceux qu'elle atteint.

Cloarec 12

L'organisation allemande est basée sur l'exploitation de l'étranger. « Le socialisme, dit, en janvier 1919, un journal socialiste de Hambourg, est impossible en Allemagne sans la collaboration de l'étranger » l'euphémisme est admirable ! Le manifeste des 93 Intellectuels allemands dit la même chose en d'autres termes : « Sans notre militarisme, notre ci-« vilisation serait anéantie depuis longtemps ».

Le socialisme allemand fait partie intégrante de l'organisation allemande ; celle-ci est un moloch colossal qui ne peut vivre qu'en dévorant ses voisins et uniquement au profit du peuple élu. Ce socialisme mène fatalement à la guerre parce que fatalement arrive le moment où les voisins cessent de consentir au chantage exercé sur eux. Si plusieurs pays adoptaient le même système, le heurt serait encore plus rapide, de toute évidence.

Quant aux peuples qui se laissent séduire par le mécanisme, ils font naïvement le jeu du maître, car ils ne voient que le bien-être matériel et ne s'arrêtent pas au revers de la médaille qui est le servage ; ils refusent d'ailleurs de se soumettre aux obligations ne comprenant pas que sans l'acceptation de l'autorité autocratique, le mécanisme ne peut fonctionner : nous l'avons constaté en France dans l'application des lois que nous a imposées notre admiration irréfléchie de l'Allemagne victorieuse. Plus un peuple a de goût pour la liberté, plus il est moral, plus l'organisation allemande lui est inapplicable.

Le socialisme en France. — Ces explications fe-

ront comprendre pourquoi les lois sociales votées ces
dernières années en France n'ont que peu réussi et
ont souvent créé le désordre : Partant d'un bon sentiment, d'une conception morale, nos législateurs
ont commis cette erreur de science politique consis-
tant à ne pas tenir compte du temps et du lieu dans
l'adoption des solutions.

Qui donc en France, tout au moins parmi les
adeptes de la morale démocratique, pourrait ne pas
désirer l'amélioration du sort des travailleurs et la
justice sociale ? Seulement, ceux qui répudient l'empirisme reconnaissent aussitôt que les solutions du
pays du *Faustrecht* ne peuvent convenir à notre
France démocratique.

Prenons comme exemple l'une des lois dont le
principe est le plus indiscutablement humain, celle
des retraites ouvrières. Chacun reconnaît aujour-
d'hui qu'elle a fait faillite ; elle n'a été utilisée, pour
ainsi dire, que par ceux qui se trouvaient à la veille
de toucher la pension, et le nombre des inscrits n'a
cessé de décroître. On escomptait 10 millions d'assurés obligatoires et 2 millions d'assurés facultatifs ;
à la fin de 1915 il y avait moins de 6 millions d'assurés obligatoires et moins de 650.000 assurés facultatifs. Encore faut-il ajouter que les cotisations des
inscrits sont loin d'être en règle et qu'il y en aurait
bien moins encore si nombre de maîtres n'avaient
pas payé pour leurs serviteurs. A quoi tient cet
échec ? A ce que nos mœurs n'acceptent pas la contrainte, à ce que tous se révolteraient contre l'emploi

de la force, bien que la loi l'ait décrétée. Rien n'est plus mauvais qu'une loi qui menace et qu'on ne peut appliquer.

Chose curieuse, les ouvriers sont bien plus rebelles que les patrons à cette sujétion organisée pour leur avantage. Ils disent, non sans raison, que la retraite octroyée est trop faible et trop tardive. On ne peut vivre avec 360 francs par an et M. Charles Benoist, qu'on n'accusera pas d'idées avancées, a établi dans un long ouvrage combien peu de travailleurs atteignaient l'âge de de la retraite.

Dans quelle direction pourrions-nous trouver une solution française ? Dans l'union de tous les citoyens et dans l'abolition de toute caste. Il ne faut pas en France de retraite ouvrière, mais une retraite pour la vieillesse à laquelle tous les Français et toutes les Françaises auront droit à partir d'un âge déterminé.

Pour fixer les idées, supposons qu'à l'âge de 11 mois (à cause de la mortalité de la première enfance) le père de chaque enfant verse à une Caisse spéciale de la Commune une somme de 1.000 francs. D'après la table publiée par la Caisse Nationale des retraites en 1918, ce versement assure à 50 ans une rente viagère de 990 francs à capital aliéné. Tous les pères qui déclareront ne pouvoir payer seront remplacés, pour tout ou partie, par la Commune qui se couvrira au moyen d'un impôt sur les célibataires et les ménages sans enfants, puis au besoin sur l'ensemble des contribuables suivant une échelle rapidement décroissante avec le nombre d'enfants. Cette

Caisse, douée de la personnalité civile, pourra recevoir les dons et legs et, afin d'éviter de trop gros écarts entre les charges des Communes, une caisse départementale ou nationale fera la réassurance. Chaque Français ayant ainsi automatiquement son livret de retraite pourra améliorer sa pension à son gré et on devra l'y encourager par tous les moyens. En attendant que le demi-siècle écoulé ait réglé la situation, un compte d'avances permettrait de liquider le passé et le présent.

Voilà une solution du type moral parce qu'elle fait intervenir l'union, la solidarité, l'effort personnel, parce qu'elle place tous les citoyens sur le même rang sans organiser une classe de mercenaires. Je ne la donne pas comme la seule, mais comme un exemple.

Assurément, les solutions morales ou scientifiques sont plus longues à obtenir que les solutions d'autorité, mais elles sont les seules durables. En face d'une maladie, le médecin ne peut pas, non plus, se passer du concours du temps ; l'impatience du malade n'avance pas la guérison.

L'ASSOCIATION. — Pour faire vivre une démocratie, il faut élever sans cesse le niveau moral des masses ; la liberté ne peut pas subsister sans morale ; il faut donc avoir le courage de montrer aux ouvriers les difficultés de la route et leur faire sentir le prix de leur liberté, il faut leur faire comprendre que la conception de la lutte des classes les mène à la guerre au dedans ou au dehors puisqu'elle est une doctrine de haine basée sur le *Faustrecht* allemand, qu'elle ne peut rien fonder de durable parce que la haine est stérile, l'amour seul est fécond. Il n'y a de solution morale que dans l'association ; les efforts communs doivent donc tendre à trouver les formules d'association qui, en sauvegardant la liberté, assurent cependant à l'ouvrier son existence quotidienne.

Le problème est ardu surtout à cause des passions et des partis-pris, essayons pour en formuler une solution, d'analyser ce qui se passe dans une industrie naissante, par exemple une mine qu'un homme vient de découvrir.

Cet homme a des droits sur sa découverte, donc il devra recevoir dans les bénéfices une part à déterminer. L'Etat, de son côté, a un droit sur le sous-sol dont la richesse est naturelle, c'est-à-dire n'est le produit du travail d'aucun homme.

Supposons que l'"Etat confie l'exploitation à un groupe d'ouvriers résidant sur place. Avant de rien extraire de cette mine, il faudra y installer une machinerie puissante, creuser des puits, c'est-à-dire travailler sans rémunération pendant plusieurs mois, acheter des outils. Les ouvriers, sans capital, subiront le supplice de Tantale, ils auront sous la main une richesse qu'ils ne pourront atteindre ; ils chercheront donc du capital. Si la collectivité possède le capital, elle n'osera pas prendre la responsabilité de l'aléa, car une fois les travaux faits, la mine peut être improductive ; les ouvriers s'indigneront, se révolteront à moins de n'être que des esclaves ; en quelques années tout le capital sera englouti dans les expériences malheureuses ; nous arriverons à la guerre civile. Si alors se présente un homme qui consent à courir le risque, un étranger, par exemple, ayant du capital, il sera considéré comme un sauveur. Pendant de longs mois il paiera les ouvriers pour les faire vivre, il achètera les machines, le tout sans extraire un kilogramme du minerai. Qu'est-ce que le travail aura produit pendant ce temps ? Rien, il aura seulement coûté ; mais la mine aménagée aura désormais une valeur.

Allons plus loin et supposons que, par un prodige d'économie, les ouvriers aient réussi à exécuter tous ces travaux sans aucun salaire, par exemple à temps perdu. Admettront-ils alors que de nouveaux arrivants aient exactement les mêmes droits qu'eux sur la mine ? Evidemment non, parce qu'ils estimeront, à juste titre, que leur travail antérieur doit recevoir maintenant sa récompense, en un mot ils seront devenus capitalistes, car le capital n'est pas autre chose que du travail accumulé et économisé.

Avant la guerre, on estimait que l'ensemble des machines mises au service de l'humanité équivalait à trois fois la force de tous les habitants ; c'est cette force asservie qui a permis la suppression de l'esclavage humain, et les ouvriers commettent un contre-sens terrible pour eux, lorsqu'ils détruisent du machinisme ou du capital. L'expérience de chaque jour confirme cette vue en montrant que les pays où le machinisme est le plus développé, où le charbon est le plus abondant, sont aussi ceux où le travail est le mieux rémunéré, où ce travail est le plus élevé dans l'échelle de la main-d'œuvre, le plus intelligent. Le capital, loin d'être oppressif, est éminemment libérateur ; les ouvriers ont donc le plus grand intérêt à le développer dans le monde, à économiser eux-mêmes ce qu'ils peuvent, non seulement parce que leur vie devient moins précaire, mais parce qu'ils augmentent le capital social.

LA RÉPARTITION. — Ceci bien compris, nous pouvons passer à l'étude de la répartition : Il y a dans toute recette la part du travail, celle du capital, celle de la Société, puis éventuellement un bénéfice.

La loi d'airain, dont j'ai déjà parlé, fixe le salaire au taux juste suffisant pour vivre ; c'est la loi de nature, que la morale peut et doit corriger, mais sans l'oublier sous peine d'amener la catastrophe. L'intérêt du capital est, lui aussi, fixé au plus bas par la loi de nature, il varie suivant la prospérité d'un pays ; plus un pays est riche, plus le taux de l'intérêt est bas : la richesse générale travaille donc encore ici pour l'ouvrier. Quant à la Société, elle prélève sa part sous forme d'impôts.

S'il n'y a pas de bénéfice, comment faire la répartition ? La morale nous indique que le salaire doit être d'abord payé parce qu'il s'agit pour l'ouvrier de son existence même ; donc le capital courra toujours plus de risque que le salaire.

C'est en s'appuyant sur ce risque que l'économique proclame que le capital doit recevoir tout le bénéfice lorsqu'il y en a. Une telle solution choque nos sentiments modernes ; nous n'admettons plus que lorsque les bénéfices sont considérables le travail n'en ait pas sa part. D'un autre côté, il ne paraît pas équitable que le capital soit privé de la rémunération de son risque et il n'est pas équitable non plus que le seul hasard, qui aura dirigé tel ouvrier sur telle maison, suffise à l'avantager formidablement vis-à-vis de ses camarades moins chanceux qui ont travaillé autant que lui dans une entreprise moins prospère. Une exagération de la chance serait immorale, mais on ne peut la supprimer sans détruire un des grands ressorts de l'activité humaine.

La solution politique consiste à prévoir dans les bénéfices une part pour l'ouvrier individuellement et une autre pour l'ensemble du monde ouvrier, c'est-à-dire pour le développement des œuvres de solidarité sociale.

Somme toute, les recettes nettes d'une affaire doivent donc se répartir comme suit, d'après la science sociale.

1° Le salaire voisin du minimum indispensable ;

2° L'intérêt du capital au taux le plus bas ;

3° L'impôt ;

4° Le bénéfice du capital compensant le risque de perte ;

5° Le bénéfice du travailleur comme encouragement à l'effort et récompense de son zèle ;

6° La part de la Société pour l'accomplissement de ses devoirs de solidarité.

Il ne reste plus alors qu'à discuter le détail de la répartition, il est de l'intérêt de tous que cette répartition soit basée sur la morale la plus élevée.

Les actions de travail. — Cette conception choquera certains esprits absolus, on l'accusera d'ouvrir la porte à des abus. Je répondrai qu'il n'est rien dont on ne puisse abuser et que la science enseigne l'usage et non l'abus. La nécessité de la participation s'impose, d'ailleurs, à beaucoup d'esprits et de nombreux industriels l'ont réalisée sous des formes diverses : sursalaires, gratifications de fin d'année, actions de travail. Malheureusement, dans plusieurs sociétés, les ouvriers comprennent mal le principe de la participation et on en a vu refuser le sursalaire comme contraire à leur dignité ; d'autres ont choisi pour les représenter aux Assemblées générales des avocats retors qui se sont opposés à tout amortissement, à toute réserve, choses dont la nécessité est mal comprise des ouvriers, et beaucoup de ces sociétés ont dû liquider pour se reconstituer sans actions de travail et sans participation statutaire des ouvriers aux bénéfices. De pareils échecs sont inévitables, l'éducation de la masse n'étant pas faite.

A vrai dire, quelque intéressante que soit l'action de travail, je crains que l'idée n'en soit pas viable parce qu'elle est cantonnée dans le domaine de l'intérêt et que sur ce terrain l'ouvrier préférera toujours une augmentation de salaire à un dividende hypothétique. Le manque d'esprit scientifique oriente les efforts de l'ouvrier uniquement vers l'augmenta-

tion des salaires, il ne peut comprendre qu'il court
ainsi à la ruine si en même temps il ne développe
pas le machinisme. C'est la machine qui seule peut
payer à l'ouvrier une partie du salaire qu'elle a
gagné en travaillant sous sa conduite.

LA SOCIALISATION DES MOYENS DE PRODUCTION. —
Quant au second terme de la doctrine marxiste : Socialisation des moyens de production, il reste une
expression vague où chacun peut voir ce qui lui plaît.
Si on veut dire que les moyens de production,
c'est-à-dire le capital, doivent être utilisés pour le
bien commun, c'est reproduire sous une autre forme
ce que j'ai établi au sujet du droit relatif de la propriété, à savoir qu'un possesseur n'a pas le droit de
gaspiller ou de détruire son capital, c'est une application de la morale sauvegardant le droit à la vie du
plus faible en empêchant l'accaparement du plus
fort ; mais si l'on entend dire que l'Etat ou le Syndicat doit s'emparer du Capital, on est dans la formule théologique. Le monopole étatiste universel
serait un asservissement de toute l'humanité au fonc-
tionnarisme ; l'expérience nous montre que l'Etat est
un industriel incapable et un industriel tyrannique,
car aucune réclamation ne peut rien contre sa force
d'inertie. J'ai montré, d'autre part, plus haut comment la socialisation des moyens de production aboutirait à l'arrêt de toute production, c'est-à-dire à la
famine universelle par suite de l'impossibilité pour
l'Etat d'accepter le risque. Dans des cas exceptionnels, comme la guerre, il peut être nécessaire de res-

treindre la liberté commerciale afin d'éviter des abus
de spéculateurs sans scrupules, mais c'est là une application de la science politique qui nous enseigne
que la solution peut varier avec le temps et le lieu,
et non une preuve de la vérité absolue d'une conception théologique ; il n'y a là qu'une extension du principe que tout dépend des circonstances. On a pu constater, d'ailleurs, pendant la guerre, que les abus
supprimés sont remplacés par d'autres non moins
graves. Il serait aussi faux, scientifiquement, de tirer
de là une justification de tous les monopoles que
d'en tirer une condamnation générale. En cette matière, comme dans les autres, la solution scientifique
est relative.

Les monopoles. — Cela paraît évident, et, cependant, nous voyons, dans les discussions sur les monopoles, les économistes et les socialistes s'appuyer
sur des doctrines absolues et parler du monopole des
chemins de fer comme ils parlent de celui du tabac.

Chacun admet le monopole des routes qui a même
été absorbé par le budget général, le monopole des
postes et télégraphes, voire même des téléphones,
mais beaucoup admettent moins celui des canaux,
moins encore celui des chemins de fer ; en revanche,
d'autres s'appuient sur les monopoles existants pour
demander la socialisation des assurances, des mines,
etc... L'esprit absolu cache aux uns et aux autres les
différences fondamentales qui existent sntre ces divers
monopoles, les uns n'étant, en réalité, que des services publics, les autres étant de simples procédés

fiscaux ou répondant à une conception arbitraire. Un
instant de réflexion montre que la généralisation des
monopoles aboutirait en fait à une forme d'esclavage
et à l'impossibilité de faire face à une crise grave :
Supposez toutes les industries monopolisées par l'Etat
à la veille de la guerre, la France n'aurait trouvé
nulle part ni les initiatives qui firent sortir les ate-
liers de terre, ni le capital qui souscrivit à ses emprunts.

LE SYNDICALISME, LA PROPRIÉTÉ OUVRIÈRE, LE CRÉDIT,
LES COOPÉRATIVES. — La plupart des socialistes ont
aujourd'hui abandonné la théorie étatiste et se ral-
lient à l'absorption du capital par le syndicalisme. Au
fond, c'est exactement la même chose et ces socialistes
se paient de mots. Si la collectivité syndicaliste possède tout le capital, c'est elle qui sera maîtresse de
la vie de tous les citoyens, c'est elle qui sera l'Etat ;
nul ne travaillera qu'avec la permission du chef du
syndicalisme, dans les conditions fixées par lui. Si
l'on admet que le capital sera réparti entre les syndicats, on ne fera que classer les esclaves, car une
fois entré dans un métier il faudra bien subir l'autorité du syndicat. Si l'on veut aller plus loin et dire
que la répartition sera faite entre les syndicats locaux, on n'aura encore que déplacé le maître qui
commande à l'esclave, car l'individu ne pourra aller
que d'un syndicat à l'autre, et il trouvera partou
même régime, mêmes conditions, puisque les syn
dicats seront associés. Si nous divisons encore davan
tage le capital en l'affectant à chaque usine, à chaque

maison de commerce, le système ne tient plus et nous arrivons à des associations comportant l'intérêt personnel et la concurrence ; l'association bien menée produira plus que celle où l'on agira à tort et à travers, nous retombons dans une forme du capitalisme actuel.

Nous avons fait, au cours de cette guerre, de terribles expériences. Faute d'esprit scientifique, la plupart des mesures prises sous couleur d'organisation ont été des mesures socialistes, elles ont déterminé un tel renchérissement de la vie qu'il a fallu créer tout un service d'inspecteurs pour faire respecter les prix arbitraires fixés, ce qui n'a pas empêché le commerce clandestin de se développer. Alors on a jeté la suspicion sur tous les commerçants qu'on a englobés sous le nom péjoratif de *mercantis*, semant ainsi des germes de guerre sociale qu'une chance inespérée a fait avorter en France, mais qui ne sont pas perdus et ont troublé pour de longues années la vie économique. On a puni au hasard, d'amende ou de prison, quelques commerçants, mais en sortant d'une réunion où ils avaient crié contre la vie chère, ouvriers ou bourgeois sont allés chez leur crémier acheter, en se cachant, des œufs au-dessus de la taxe.

Il est donc nécessaire d'entreprendre l'éducation économique et morale des masses ouvrières, et l'un des moyens les plus propres à la réaliser est de développer le sens de la propriété en rendant le plus d'hommes possible propriétaires, puis d'organiser le crédit populaire. L'homme qui possède, ou qui emploie le crédit, acquiert immédiatement un sentiment de l'ordre que ne peut avoir l'insolvable, de plus il cesse d'être un prolétaire au sens péjoratif du mot, c'est-à-dire un déraciné vivant au jour le jour.

Dans certains pays, notamment en haute Italie, les banques populaires ont produit des merveilles, elles furent de puissants outils d'amélioration agricole et industtielle en même temps que des écoles de science politique de premier ordre. Certaines banques ont débuté avec quelques centaines de francs et faisaient des centaines de mille francs d'affaires au bout de dix ans, enseignant à tous les actionnaires à 10 fr. et à 20 francs ce que sont le crédit, l'argent, l'intérêt, l'amortissement. Il n'existe en France que peu de banques populaires, elles végètent sauf deux : celle de Menton et celle de Lorient ; l'Alsace et la Lorraine nous reviennent avec de nombreuses banques du type Raifessen.

Les banques populaires sont, d'autre part, des organismes précieux pour créer ou développer les coopératives de production. Là aussi, l'ouvrier apprend ce qu'est le capital, ce que représentent des frais généraux, un travail de direction.

Les coopératives sont peu développées en France parce que l'erreur socialiste a voulu y trouver un instrument de guerre sociale, elle a voulu en faire servir le bénéfice à la propagande de la lutte de classes, ce qui est un contre sens ; elle a cherché à créer du capital pour combattre le capital ; elle a voulu ignorer les lois naturelles, celles-ci se sont vengées en faisant mourir les créations artificielles qui voulaient les ignorer.

La même erreur marxiste a faussé en France le jeu des syndicats en les détournant de leur tâche scientifique. Cette tâche est immense et résume presque toute la question sociale, mais elle ne peut être réalisée que si les syndicats comprennent leur rôle de constructeurs et admettent les enseignements de la science politique.

C'est aux syndicats de patrons et d'ouvriers qu'appartient la préparation du détail des lois de solidarité sociale, et surtout des règlements qui peuvent résoudre les difficultés sans l'intervention de la loi, mais le principe d'ordre exige que soient bien délimitées les fonctions de chacun et que les syndicats s'abtiennent de toute prétention à se substituer aux pouvoirs politiques chargés de voter les lois.

Une autre grande tâche des syndicats est de discuter les bases des salaires et des contrats de travail, les uns et les autres y apportant le souci de la collaboration et non de la lutte. Seuls les syndicats peuvent connaître l'état des marchés, déterminer le taux convenable du salaire et de la participation, seuls encore ils peuvent s'associer vraiment à un patron pour une tâche à remplir parce qu'ils représentent une responsabilité morale.

Cette responsabilité serait bien plus nette si elle était pécuniaire et civile, parce qu'une rupture de contrat aurait la même sanction qu'elle a entre deux négociants égaux. L'organisation scientifique des syndicats peut seule faire de l'ouvrier un citoyen égal à son patron au lieu du serf que crée le socialisme marxiste ; mais, faute d'une idée nette de part et d'autre, les lois d'association en France ont refusé aux syndicats la capacité civile. On a eu peur de leur donner trop de puissance, et on a oublié que la propriété a des effets de moralisation inestimables, pour les groupements comme pour les individus, qu'aucune force n'est plus dangereuse qu'une force insolvable. Assurément il faut que l'Etat prenne ses précautions pour ne pas se laisser dominer par un syndicat trop riche, mais ces précautions sont d'ordre général et concernent toutes les associations et même tous les individus.

Ce sentiment d'égalité morale de l'ouvrier et du patron implique la reconnaissance des différences matérielles justifiées par les différences de conditions d'existence, seul il donne à la vie la dignité, seul il crée le goût du travail accompli, le désir d'atteindre la perfection, condition essentielle de la réussite commune. Le marxisme a poussé nombre de nos ouvriers à négliger leur travail, à se contenter du minimum acceptable ; de ce fait, les marques nationales perdent leur réputation, ce qui entraîne la baisse de l'industrie nationale, c'est-à-dire la baisse des salaires et le chômage. Cette diminution de la qualité du travail est particulièrement grave dans un pays comme la France dont l'industrie repose plus sur le produit de luxe que sur le produit à bas prix.

LA SOCIALDÉMOCRATIE MENACE DE GUERRE. — Les Allemands ont toujours considéré le marxisme comme une machine de guerre contre l'étranger. Dans un pays de liberté comme la France les agents allemands agissaient à leur guise, et leur prestige de vainqueur, l'apparence d'ordre de leur *organisation* ont exercé sur nombre de cerveaux français, une influence d'autant plus forte que nous n'avions pas à leur opposer une organisation française. La république impériale a conservé la même mentalité et n'hésite pas à menacer ouvertement les pays voisins, c'est-à-dire la France, d'une nouvelle propagande du désordre, montrant bien ainsi comment *l'organisation* allemande est une menace perpétuelle de guerre.

Au moment où se réunissait la conférence de Berne, au début de 1919, M. Albert Thomas répondait à ceux qui voulaient le dissuader du voyage qu'il voulait le faire pour découvrir où est le vrai socialisme. Il a dû être renseigné ; les délégués allemands qu'il a rencontrés là-bas ont recommencé, comme avant la guerre, l'éloge de leur *organisation* afin d'assurer à l'Allemagne la suprématie ; si ancrés que les socialistes français fussent dans leur foi, ils n'ont pas pu fermer les yeux à ce spectacle, désormais paradoxal, d'une Allemagne vaincue voulant néanmoins imposer sa force et sa direction. Ne nous laissons pas leurrer par les mots et par l'étiquette républicaine de l'Allemagne. La social-démocratie continue le régime impérial avec le même esprit et la même organisation.

Eh bien ! Si l'Allemagne conserve son *organisation*, son socialisme marxiste, ses classes en demi-servage, elle restera le danger pour la paix publique qu'elle était hier : elle deviendra même sans doute un danger plus grand parce que, n'ayant plus le modérateur que constituait l'empereur par la force de sa situation héréditaire, la classe ouvrière exigera de plus en plus. Un jour viendra où un nouveau Kaiser promettra et donnera plus que le gouvernement républicain et établira son autocratie comme César le fit à Rome lorsque les lois socialistes y eurent détruit l'esprit de liberté, à moins que le gouvernement socialiste ne pousse lui-même à la guerre pour se maintenir au pouvoir.

Si, au contraire, la classe ouvrière prend conscience de son servage et veut s'affranchir, l'*organisation* allemande se désagrègera d'elle-même. Pour cela il faut que l'idée morale se substitue au *Faustrecht* ; cela ne peut se faire en quelques mois, mais cette observation nous fera comprendre les conditions d'une paix durable et par là on voit combien cette question est liée à la création de la *Société des Nations.*

Il est un autre danger possible, c'est le désordre. La suppression de l'autocratie détermine une réaction anarchique inévitable en vertu du jeu des lois naturelles. Le bolchevisme russe en est une démonstration frappante. Le bolchevisme, c'est le retour aux âges primitifs où l'élection se fait par l'acclamation de celui qui a réussi à imposer sa force ; c'est le régime de ce qu'on appelle vulgairement la *foire d'empoigne*. Le bolchevisme supprime toute liberté personnelle, il se qualifie lui-même de dictature du prolétariat ; sa définition même indique que le faible y est sacrifié, et l'expérience confirme que cette suppression de l'ordre et de la morale sont surtout préjudiciables au pauvre, auquel il ne reste plus d'autre ressource que le brigandage, expression de son énergie non canalisée par la civilisation.

Nous voyons reparaître ici cette grande loi que la liberté ne peut vivre sans la morale ; malheureusement le sens de la morale a partout été faussé par les autocraties, parce que celles-ci ont voulu la faire servir à appuyer leur autorité ; elles ont exigé la morale chez le faible sans l'appliquer elles-mêmes, de sorte que la morale apparaît maintenant comme oppressive. On voit encore ici combien l'histoire pèse sur nous.

Socialisme et république. — Pour sortir de la situation difficile où se trouve notre pays, il faut que nous oubliions nos préjugés pour nous mettre en face des réalités. La question ouvrière doit être résolue si nous voulons, non seulement vivre comme nation, mais ne pas laisser mourir la civilisation ; elle ne peut être résolue qu'en nous appuyant sur la morale, l'union, la fraternité, en créant, en un mot, une organisation française.

« Tant que les manufacturiers, dit avec raison « Saint-Simon, feront bande à part avec les ouvriers,

« tant qu'ils ne tiendront pas, en politique, un
« langage qui pourra être entendu par eux, l'opinion
« de cette classe très nombreuse et encore très igno-
« rante ne se trouvant pas guidée par ses chefs na-
« turels, elle pourra toujours se laisser séduire par
« les intrigants qui voudraient faire des révolutions
« pour s'emparer du pouvoir ».

La femme a ici un rôle de premier ordre à tenir
dans la Société. Elle est la grande éducatrice, la
mère ; il lui appartient de trouver les mots et d'accomplir les actes qui peuvent rétablir l'amour entre
les hommes : Si la femme ne veut pas sauver notre
pays, nous resterons impuissants. Aux femmes du
monde surtout, demandons l'abandon de leur frivo-
lité, de leur snobisme rétrograde, le mépris du cercle
étriqué où on veut maintenir leur vie, montrons-leur
la beauté de la tâche à laquelle nous les convions ;
c'est leur intérêt, c'est leur devoir, c'est la joie de leur
vie, c'est le bonheur de leurs enfants, de tous les enfants qu'elles ont à assurer ; comment ne nous en-
tendraient-elles pas ?

Qu'elles nous aident à faire de bonne politique,
c'est-à-dire de la paix sociale ; la victoire le leur permet.

Dans le cadre de la République victorieuse où se
manifestent librement les conceptions et où doit dominer la morale, le marxisme est un contresens ; il
ne pouvait durer qu'autant que la puissance de
l'Allemagne en imposait l'admiration à des esprits
théologiques. Réveillés de leur rêve les socialistes
français sont aujourd'hui désorientés : Partis d'une

idée généreuse, on avait fini par leur faire accepter
une idée barbare qu'ils ont peine à répudier encore
complètement parce que la suppression de cette foi
laisse le vide dans leur esprit théologique. Les socialistes ne sont pas les seuls à souffrir de cette absence
de science politique.

S'il veut bien remonter à la source de son idéal
qui est la justice sociale, la défense du faible, le parti
socialiste comprendra qu'il ne peut s'en rapprocher
qu'en s'appuyant sur la morale qui est l'expression
du droit du faible. Mais dès qu'il aura accepté la
base morale, il cessera d'avoir une foi socialiste pour
entrer dans la science parce que devant lui se dres-
sera aussitôt la grande loi de la relativité qui entraînera son adhésion. Il cessera de croire à la vertu de
la révolution sociale qui ne pourrait que ramener le
monde au droit du plus fort ; il deviendra un parti
évolutionniste, comparable au parti travailliste de
Grande-Bretagne, visant à augmenter la place de
l'ouvrier dans l'organisation sociale, à le soustraire
aux caprices du capital et à la cruauté des lois naturelles, cherchant à développer la propriété ouvrière,
cherchant à organiser l'assurance et l'assistance sociales ; mais il ne fera tâche utile que s'il s'appuie
sur la mentalité française, car il est impossible de
faire cadrer les idées françaises de liberté et de justice avec les obligations de plus en plus nombreuses,
de plus en plus serrées du socialisme à l'allemande
où tout repose sur la discipline et l'obéissance à un
Pouvoir autocratique.

Tout ce qui précède montre comment a pu naître cette autre erreur du Socialisme qui s'appelle l'*Internationale* ; elle a son origine dans l'ignorance de la loi de relativité et dans l'absence du sentiment moral. Ses adeptes n'ont pas compris que le temps et le lieu imposent des solutions différentes et ils se sont enrôlés sous la bannière du *Faustrecht*, ils ont cru qu'en unissant tous les prolétariats ils arriveraient à l'âge d'or par la suppression du capitalisme ! idée enfantine qui ignore systématiquement la dépendance et l'union nécessaire du capital et du travail ; ils n'ont pas compris surtout qu'ils se mettaient au service d'une machine de guerre allemande construite pour soutenir l'industrie allemande et pour assurer le bien-être des ouvriers allemands à leur propre détriment, condition nécessaire du maintien de l'organisation aristocratique et autoritaire de l'Allemagne.

Ceci ne veut pas dire qu'il faille renoncer à toute conversation internationale ; bien au contraire, il est avantageux pour tous que les travailleurs causent d'un pays à l'autre comme le font déjà les savants et les industriels ; il y a des problèmes à étudier en commun, des législations à rapprocher, mais ces conversations doivent laisser à chaque peuple sa personnalité parce que seule cette personnalité permet à chacun de prospérer. Une même règle ou un même salaire produisent des effets très différents suivant les pays : dans l'un le charbon coûte 20 0/0 de moins que dans le voisin, dans un autre une nourriture plus substantielle, des vêtements plus chauds sont indispensables ; ici la vie agricole domine, là c'est la vie industrielle. L'uniformité travaille au bénéfice de telle ou telle nation et entraîne la ruine certaine de telle ou telle autre plus naïve. Pour causer efficacement de ces questions, il faut savoir, il faut aussi s'inspirer d'idées morales, mais il faut abandonner les utopies.

L'internationale ouvrière ne doit pas être une machine de guerre, mais une machine de paix, elle doit tenir compte de la race ici plus égoïste, là plus généreuse, elle doit comprendre la nécessité et les limites de l'internationale capitaliste ou industrielle. La France, pays d'épargne, a prêté son argent au monde entier, et cet argent n'a pas été seulement celui des riches mais celui des humbles. L'ouvrier français doit comprendre le rôle de cet outil puissant qu'est le capital et se rendre compte que s'il le chasse de son pays par son ignorance et ses menaces, il travaille à se ruiner lui-même ; ce n'est pas par la force qu'on retient les capitaux mais par la sécurité. De même, il est fou pour les ouvriers de vouloir éliminer la bourgeoisie qui représente la science technique et l'esprit des affaires ; sans direction instruite le travail ne produit rien. Dans le mouvement général du monde l'union nationale est plus utile au travailleur que la législation internationale, car celle-ci, mal maniée, peut être un outil de mort.

En 1848, le parti socialiste français marchait d'accord avec le parti républicain ; depuis qu'il s'est rallié aux théories marxistes il s'en est écarté, on en voit la raison. Disons que, de son côté, le parti républicain qui, par définition, doit être le parti de justice pour tous, a manqué de vues nettes sur les moyens d'atteindre son but, il est trop resté une sorte de parti intermédiaire entre la réaction et le socialisme. Il est juste d'ajouter que les luttes qu'il a eues à soutenir contre les forces de réaction excusent, jusqu'à un certain point, son insuffisante action au point de vue social ; mais peut être s'y est-il trop attardé, les démocraties oublient vite les services rendus pour se souvenir davantage de ceux que les partis n'ont pas rendu. Plus qu'à aucun autre la science politique lui est indispensable, parce que s'il n'est pas en France le parti scientifique, demain il ne sera rien.

Danton disait déjà qu'après le pain l'éducation est le premier besoin du peuple ; il n'y a pas de mot plus juste en science politique. La République a multiplié les écoles, mais elle a trop confondu l'instruction avec l'éducation, l'instruction n'est qu'un outil, c'est l'éducation qui apprend à s'en servir. Sous prétexte de rester politiquement neutre, on n'a substitué à l'enseignement de la morale ancienne, qui prêchait trop exclusivement la résignation, que des préceptes trop vagues pour affermir la conscience ; l'enseignement de la morale entière, scientifique est encore à créer, lui seul peut nous donner la paix sociale et aussi la joie de vivre. Cet enseignement doit être donné à tous, à notre bourgeoisie la première parce que c'est elle qui dirige les affaires du pays ; étant la partie la plus instruite de la population, la bourgeoisie doit être la plus morale et donner à tous l'exemple. Il faut que pour tous la loi morale devienne une obligation si impérieuse de la conscience que celui qui voudrait s'y soustraire soit considéré, non comme un habile, mais comme un être méprisable, de telle façon que la société le rende incapable de profiter de son égoïsme.

Cela est long ! Hélas, oui ; la science ne nous fournit aucun moyen miraculeux pour nous passer de l'aide du temps. Nous ne pouvons guérir tant que les idées se heurteront sans aucune directive, et nous ne pouvons plus trouver cette directive que dans la science.

A côté de l'enseignement moral, nous devons avoir l'enseignement économique, social et politique. On reste confondu de l'ignorance générale des Français en ces matières qui forment la base des rapports humains. Les questions économiques ont la réputation d'être ennuyeuses et les Français, dit-on, n'aiment pas qu'on les ennuie. On confond trop la France avec quelques journalistes boulevardiers ; l'expérience montre qu'il est relativement facile d'intéresser un auditoire de boutiquiers ou d'ouvriers à des questions économiques, à la double condition de choisir ces questions dans le cercle qui les touche et de savoir vulgariser ses idées. Nos journaux sont, au point de vue éducatif, absolument misérables en comparaison de nombreux journaux étrangers : Nous avons des journaux spéciaux très savants, mais seuls les spécialistes peuvent les lire ; jusqu'ici, les quelques grands quotidiens qui ont consacré une rubrique aux questions économiques l'ont confiée à des écrivains ayant un nom dans la science et qui estimeraient au dessous d'eux de publier des articles primaires ; il serait indispensable que la diffusion d'idées saines dissipât les nuées théologiques où se complaisent les partis utopiques, ce serait le meilleur moyen d'obtenir la paix sociale.

Dans notre monde nouveau, il est nécessaire d'armer fortement les cerveaux pour leur permettre de résister aux mirages, on ne combat des idées fausses que par des idées justes.

CHAPITRE VI

LA SOCIÉTÉ DES NATIONS (¹)

Quelle que soit l'opinion que l'on ait sur les réunions internationales, on est obligé de convenir qu'elles s'imposent désormais à notre attention, il est donc naturel qu'après la grande secousse qui a ébranlé l'humanité entière, les penseurs aient vu dans ces réunions un moyen d'en éviter le retour. De là est née l'idée de créer entre les pays un lien, dont la nature restait à définir, et qu'on a baptisé « Société des Nations » ou « Ligue des Nations ».

Je n'envisagerai pas ici cette question sous ses multiples aspects, ce serait sortir des limites que me trace mon sujet, je me bornerai à examiner comment elle se pose devant la science politique et, dès l'abord, je remarque combien de nos concitoyens ont

(¹) Ce livre a été écrit en mars 1919, c'est-à-dire au moment où se discutait à la Conférence de la paix le principe même de la Société des Nations.

approuvé ou combattu l'idée sans savoir au juste en quoi elle consisterait. J'ai déjà montré combien fréquente est cette erreur qui nous range derrière des mots dont le sens n'est pas défini.

Si nous disons qu'il est désirable de développer les sentiments d'amitié entre les peuples, tous les français se rallieront sans doute à une idée aussi générale; mais s'il s'agit de poursuivre la réalisation d'un État fédéral universel, l'idée soulèvera d'énergiques oppositions. Cependant le même terme désignera les deux choses. Pour rester fidèle à l'esprit scientifique nous ne devrons nous prononcer qu'en présence d'un texte donnant au moins les grandes lignes du projet nouveau.

De tous temps il a existé une Société des nations, en ce sens qu'il y a toujours eu entre les peuples des relations basées sur des conventions : la présence d'ambassadeurs politiques et de consuls commerciaux étrangers dans tous les pays civilisés en est une première preuve ; on peut y ajouter l'énoncé des conventions internationales dont quelques-unes sont devenues presque universelles, telles, par exemple, celles qui concernent les relations postales, les conditions d'extradition des criminels, etc.

Il a même existé, à diverses époques, des unions plus serrées, par exemple, celles des républiques de l'ancienne Grèce ou des républiques gauloises, celle de la Chrétienté au Moyen Age ; je ne parle pas des fédérations qui sont presque des fusions de pays en une seule patrie.

C'est évidemment autre chose qu'on se propose de faire à la Conférence.

Le président Wilson, qui passe aujourd'hui pour le père de l'idée parce qu'il l'a présentée à un moment solennel de l'histoire du monde, n'a prononcé le mot de « Société des Nations » qu'exceptionnellement et tardivement, son expression était « Ligue des Nations » ou « Ligue pour la paix ».

« Cette ligue, dit-il, doit opérer comme une force « morale organisée de telle manière que dans n'im- « porte quel moment si une injustice ou une agres- « sion est préparée, la lumière de la conscience hu- « maine se concentre sur le complot et le dévoile, et « que les hommes demandent à ses auteurs « Quelles « intentions nourrissez-vous dans votre cœur contre « les destinées du monde ? Il suffit de si peu de « clarté pour résoudre la plupart des questions. »

« Si les Puissances centrales avaient osé porter à la « discussion pendant seulement une quinzaine de « jours leurs buts de guerre, la guerre n'aurait ja- « mais éclaté et si, comme il devrait être, elles « avaient été forcées de les discuter pendant une « année, alors la guerre aurait été une chose incon- « cevable. »

Il s'agit donc uniquement d'empêcher la guerre et, pour cela, d'obliger les nations à comparaître devant un tribunal comme celui de La Haye, sous peine de sanctions nouvelles qui doivent faire l'objet de la conférence de Paris et des conférences ultérieures. Il n'est pas besoin de dire avec quelle sympathie nous suivons tous de tels efforts, mais la ‹haute personnalité du Président Wilson ne saurait nous empêcher d'étudier ce texte public et de formuler nos observations sur la valeur pratique de la proposition.

La guerre n'est pas un phénomène spontané qu'on puisse déchaîner ou arrêter à volonté, elle n'est que la manifestation d'une maladie ; il me paraît donc tout à fait insuffisant de vouloir s'opposer à la guerre au moment où une agression est préparée ; je ne crois pas non plus qu'il suffise d'un peu de clarté pour résoudre de telles questions. Sauf exceptions, la guerre ne résulte pas d'une intention qu'on discute, elle est l'aboutissant d'une situation longuement préparée. J'ai montré plus haut comment était organisée l'Allemagne : Si, en face d'une telle organisation, le seul souci d'empêcher la guerre dominait les gouvernements de l'Entente, nous aboutirions rapidement à l'esclavage du monde. L'Allemagne ne désirait pas la guerre en elle-même, elle désirait que le monde acceptât sa direction et elle proclamait, avec la naïveté brutale qui la caractérise, son désir de paix à l'allemande qui se formulait ainsi. « Je suis le plus « fort, le mieux organisé, donc vous devez vous in-« cliner et m'obéir. Si vous ne le faites pas, vous êtes « rebelles à la loi naturelle et c'est vous qui déchaî-« nez la guerre par votre sotte obstination à être « libres et à parler de morale. Laissez-moi vous *or-« ganiser*, et vous aurez la paix ».

La France a le droit de parler ici plus haut que les autres parce que c'est elle qui est directement et la première menacée par l'*organisation* allemande, tant à cause de sa situation géographique qu'à cause de ses conditions économiques ; mais si le monde commettait la folie de se désintéresser du sort de la France, le monde préparerait lui-même ses chaînes parce que la France est la *marche* du monde, la sentinelle contre la barbarie.

Si on laissait croire aux peuples qu'éviter la guerre est tout, un jour viendrait où la fourberie allemande dénoncerait la France révoltée contre les prétentions germaniques comme un foyer d'agitation guerrière, et déterminerait dans le monde entier un mouvement contre nous qui nous obligerait à subir l'asservissement progressif ; ainsi commencerait l'asservissement du monde. La paix est un grand bien, mais la liberté est plus précieuse encore, si nous ne sommes pas prêts à défendre notre liberté, nous sommes dignes d'être esclaves ; donc, présenter comme unique idéal le maintien de la paix, c'est préparer l'esclavage. Regardons le problème en face, et ne nous payons pas de mots. Tant qu'il existera une nation de l'importance de l'Allemagne où dominera le *Faustrecht*, où la morale sera considérée comme une faiblesse, comment parler avec elle de la conscience humaine puisque justement cette nation veut éteindre cette lumière déclarée par elle antinaturelle.

Quelle discussion pouvait-on bien instaurer sur les buts de guerre de l'Allemagne en 1914 ? Ces buts étaient au-dessus de toute discussion puisqu'ils se résumaient dans le triomphe du germanisme. Nous avons assez vu comment se préparent les querelles d'Allemands, et quand l'Allemagne armée jusqu'aux dents, menée au bord de l'abîme par son organisation, ne voyait de salut que dans la guerre, est-ce une discussion devant un aréopage qui pouvait arrêter la lutte entre deux conceptions du monde ? Si un traité avait été conclu, tel qu'il eût exigé une discussion, l'Allemagne aurait ajouté cette hypocrisie à tant d'autres et n'en aurait pas moins fait la guerre sans attendre une année.

Prenons d'autres exemples loin de nous. Supposons que renaisse demain en Amérique une volonté de Sécession et que les Etats du Sud ou ceux de l'Ouest se déclarent indépendants, les Etats du Nord demanderont-ils à une Conférence de juger les buts de guerre ? Attendront-ils un an pour se décider ? Supposons que le Japon entreprenne l'organisation de la Chine de façon à en avoir la direction exclusive et que l'Europe ou l'Amérique proteste et veuille forcer le Japon à renoncer à son projet, c'est le Japon qui sera victime de l'agression et qui devra être soutenu.

Il serait facile de multiplier les suppositions ; il est bien entendu que je ne veux nullement dire que les cas que j'imagine soient à craindre, je montre seulement les dangers d'une conception non scientifique, c'est-à-dire inspirée d'un esprit théologique ; je ne veux pas décourager les bonnes volontés à la recherche d'un moyen d'établir la paix sur terre, je veux montrer les conditions nécessaires pour que le problème soit résolu.

Commencer par dire : « faisons une Société des Nations » et discuter pour savoir si nous y admettrons ou non l'Allemagne est une méthode critiquable. La méthode scientifique consiste à définir ce qu'on entend faire, après quoi on verra avec qui on peut le faire. Avec telle solution j'admettrai l'Allemagne, avec telle autre je l'excluerai ; mais quelle que soit la décision, je prendrai mes précautions tant que subsistera la mentalité actuelle des germains, tant qu'ils n'auront pas renié leur *Faustrecht*, tant qu'ils conserveront leur *organisation*, tant que la morale ne sera pas reconnue par eux comme base de leur état social. La première préoccupation des hommes chargés de mettre sur pied un projet de Ligue ou de Société doit donc être la conception allemande. Vouloir supprimer la guerre sans supprimer les causes de guerre, c'est vouloir empêcher de tomber un fruit qu'on laisse mûrir. Voici bien longtemps que les philosophes cherchent à supprimer les guerres, ils ne parviennent pas à en diminuer sensiblement le nombre parce qu'ils ne s'attaquent pas au fond des choses.

En 1914, nous avions le tribunal de La Haye, nul n'a même songé à le consulter parce que tous savaient que ses décisions n'avaient pas de sanction. Suffira-t-il que nous décidions des sanctions ? Il est évident qu'il faudra encore trouver le moyen de les appliquer.

Voici comment M. Clemenceau, dans l'exposé qu'il a fait en janvier 1919 à la Conférence de la Paix, entrevoit la solution du problème : « Il est « essentiel, dit-il, pour le maintien du statut mon- « dial que les nations associées ont maintenant à « établir, de créer une *Ligue des Nations*, organe « de coopération internationale qui assurera l'accom- « plissement des obligations internationales con- « tractées et fournira des sauvegardes contre la « guerre.

« Cette *Ligue* dont la création ferait partie du « traité général de paix devrait être ouverte à toute « nation civilisée à qui on pourrait se fier pour en « favoriser les desseins. Les membres de la *ligue* se « réuniraient périodiquement en Conférence inter- « nationale, ils auraient une organisation perma- « nente et un secrétariat pour suivre les affaires de la « *ligue* dans l'intervalle des Conférences.

M. Clemenceau veut empêcher la guerre, mais ne parle pas, lui non plus, des moyens d'empêcher de naître les raisons de la faire. Là est le nœud de la question. Dans la grande lutte de concurrence paci- fique entre les nations, mettrons nous des limites à cette concurrence ? Il suffit de suivre le peu qu'on nous montre des discussions de la Conférence pour voir que les représentants des Puissances n'y sont pas disposés.

L'Amérique est-elle prête à détruire sa haute bar- rière douanière ? L'Angleterre accepte-t-elle de ne pas profiter de l'avantage que lui donne sa houille ?

La France renoncera-t-elle à sa protection agricole ? Suivant les cas, la protection ou le libre échange enrichira tel pays et ruinera tel autre. Le pays qui marchera à la ruine par l'adoption de l'une ou de l'autre acceptera-t-il les décisions d'une Commission internationale dont la majorité pourra représenter des intérêts opposés aux siens ?

La question des douanes est de première importance, mais elle n'est pas la seule : L'immigration, par exemple, peut mettre un pays au péril ; une loi internationale sur la marine marchande peut avoir le même effet ; avec des lois sanitaires on peut détourner un courant commercial. Comment la nation victime présentera-t-elle ses protestations au tribunal de la *Ligue* ? L'étouffera-t-on sous prétexte d'assurer la paix ?

A la fin de janvier 1919, les délégués des associations en pays alliés pour la *Société des nations* se sont réunis à Paris sous la présidence de M. Léon Bourgeois, l'un des plus fervents apôtres de l'idée depuis de longues années. Cette réunion a rédigé un projet très développé dont voici le résumé :

« La réunion réclame la formation, dans le plus
« bref délai possible, d'une *Société des peuples*
« *libres*. Cette société devra soumettre les différends
« à des méthodes de règlement pacifique, empêcher
« un Etat quelconque de troubler la paix par des
« actes de guerre, établir une Cour de justice inter-
« nationale avec sanctions, même militaires, établir
« un Conseil international pour le développement de

« la législation internationale, veiller à la sauvegarde
« de la liberté des nations. Ce conseils provoquera
« les conventions internationales pour la protection
« et le progrès des races non encore civilisées. »

« Un Comité permanent de Conciliation agira
« comme médiateur et renverra au besoin les diffé-
« rends devant la Cour de justice ; il proposera
« l'application de Sanctions qui seront obligatoires
« en cas de violence.

« La Société limitera les armements et la fabrica-
« tion des armes et munitions, s'interdira les traités
« secrets et admettra tous les peuples en état de
« donner des garanties effectives de leur intention
« loyale d'observer ses convéntions. »

Ce projet est intéressant à examiner car il représente l'idéal auquel se sont arrêtées les diverses associations dans les différents pays, sauf cependant celles
qui demandent un super Etat ; il s'inspire des plus
nobles sentiments et constitue non plus une simple
ligue, mais une *société*. On voit déjà quel pas
considérable est franchi de M. Clemenceau à
M. Bourgeois, mais comme on sent l'œuvre
de légistes habitués à trouver un gendarme pour
exécuter leurs décisions !

Le projet nous dit que les décisions du tribunal
recevront des sanctions, même militaires, mais qui
appliquera les sanctions ?

Supposons que, dans quelque années, le Japon
appuyé par la Chine soit en difficulté avec les Etats-
Unis, et que les Etats-Unis refusent de s'incliner

devant les décisions du tribunal. Allons-nous partir en guerre contre les Etats-Unis ? Quelle armée française accepterait un pareil rôle ? Supposons encore, pour éviter la question de sentiment, que l'Amérique du Sud se divise en deux camps et que le tribunal décide l'intervention. Pourrions-nous accepter que notre jeunesse aille se faire décimer là-bas alors que l'Allemagne, admise ou non dans la Société, resterait menaçante à nos portes.

Le sénateur Américain Lodge faisait récemment la même objection : « admettrons-nous, dit-il, que « nos fils doivent aller se battre à travers le monde « parce qu'un tribunal l'aura ainsi décidé à la majo- « rité, même si cette querelle est contraire à tous « nos intérêts nationaux ? » Le Sénat américain s'est prononcé dans le même sens en affirmant que les Etats-Unis, d'après leur constitution, ne pouvaient être entraînés à la guerre que par un vote des Chambres ; il a affirmé, d'autre part, que aucune stipulation ne saurait prévaloir contre la doctrine de Monroe qui interdit à une nation européenne de s'immiscer militairement dans les differends améri-cains. Avec ces deux restrictions, la position des Etats-Unis dans la Société des Nations devient bien précaire.

On est en droit de croire, d'ailleurs, que des armées levées ainsi pour l'exécution d'une sentence qui ne les intéressera guère n'auront pas l'ardeur sans laquelle la victoire est impossible, d'autant plus que l'opinion nationale verrait sans enthousiasme sinon sans hostilité, le sacrifice demandé à nos soldats ([1]).

L'univers s'est levé contre la barbarie germanique parce que cette barbarie menaçait tout l'univers, mais sans les menaces maladroites de l'Allemagne pouvons-nous croire qu'une décision de tribunal aurait entraîné le monde ?

L'ennemi principal de la paix reste toujours l'Allemagne, à cause de son organisation et de sa mentalité anti-morale ; c'est donc toujours la France qui reste menacée. Le système de paix qu'on nous propose, repose sur notre écrasement périodique en attendant que les autres peuples puissent intervenir. Or si la société des nations limite nos armements, alors que l'Allemagne, restée en dehors de la *Ligue*, s'armera en dépit des traités qu'on lui aura imposés, elle préparera notre écrasement certain parce que l'attaque brusquée sera de plus en plus la règle avec la progression des moyens d'action. La Grande-Bretagne et les Etats-Unis ont réalisé un effort énorme bien que ces deux nations ne fussent pas militairement préparées, mais il a fallu que, pendant leur préparation, la Belgique et la France se sacrifient. Et la victoire venue, la saignée subie par ces deux pays ne leur a pas toujours été un grand titre à la Conférence. Les difficultés que nous

([1]) Nous avons, depuis lors, vu nos soldats et nos marins refuser de combattre la révolution russe, en dépit du mandat donné par les Chefs d'Etats réunis à Paris.

avons éprouvées à faire piévaloir nos demandes montre combien la haute moralité internationale est encore embryonnaire. Le monde travaille ainsi contre la morale, mais aussi contre son propre intérêt, car les Français se lasseront de ce rôle de victime. Le projet présenté à la Conférence ne comporte pas les mesures de sécurité essentielles réclamées par nos délégués, notamment la création d'un organisme permanent chargé de préparer les mesures militaires et navales pour faire face à l'agression.

Le projet de la *Réunion des associations* se limite, comme les autres, à vouloir empêcher *de troubler la paix par les actes de guerre*. Ce libellé même prouve le dessein d'écarter des préoccupations de la Société future les véritables causes du trouble apporté à la paix, causes desquelles découle la guerre. Que signifie le souci affiché de veiller à la liberté des nations si on permet de tout préparer pour les réduire en esclavage : Développer la législation internationale n'est qu'un côté de la question, et ce côté peut même être très dangereux comme je l'ai dit plus haut si les législateurs ne s'inspirent pas de la notion de la relativité, de la morale et des autres principes qui constituent la science politique. Rien ne serait plus funeste qu'une législation internationale uniforme.

La phrase relative à la protection et au progrès des races non encore civilisées ne soulève en France aucune objection, il y a longtemps que les indigènes de nos colonies bénéficient de toutes les sollicitudes ;

les *Actes* de Berlin et de Bruxelles stipulent tout ce que demande le projet nouveau, il suffit d'en coordonner les règles. La France est le seul pays du monde où les noirs jouissent de l'égalité avec les Blancs ; il est donc au moins singulier que la Conférence de Paris ait décidé que la France, à peu près seule avec le Japon, ne tiendrait que d'un mandat de la Société des nations les colonies enlevées à l'Allemagne qui lui seraient remises. Cette conception du mandat est-elle une condition assurant la paix ? Il est évident, au contraire, que l'absence de notions précises de science politique a égaré les auteurs de la proposition. Ces colonies confiées par mandat seront l'objet de perpétuels litiges, d'abord en laissant la porte ouverte aux revendications ultérieures de l'Allemagne, ensuite en obligeant la nation mandataire à des dépenses dont une décision arbitraire pourrait lui enlever le bénéfice, en obligeant cette nation à soumettre à la Sociétéles améliorations qu'elle désire. Si ces améliorations gênent tel pays voisin, celui-ci interviendra pour empêcher la colonie de sa développer.

On voit ici un exemple typique du manque d'adaptation des mesures au but théorique poursuivi. Et quand cette mesure s'applique à la France, elle est particulièrement malheureuse.

Le projet présenté par M. Bourgeois propose encore de limiter la fabrication des armes et des munitions ; cette mesure constitue un leurre au détriment des nations honnêtes. L'Allemagne

14.

restant en dehors de la *Société* préparera en secret
un formidable armement. Avec un puissant outillage
et les matières premières réunies, il suffit de quelques
mois pour acquérir une supériorité écrasante ; nous
serions anéantis par les armes à longue portée avant
même d'avoir pu organiser notre fabrication. C'est
toujours contre nous que travaillent ces prescriptions
parce que seuls nous sommes à la portée immédiate
de l'Allemagne. Les idées théologiques ont, encore
ici, fait perdre de vue aux auteurs bien intentionnés,
la réalité pratique et spéciale à notre pays.

La *Société* s'interdira les traités secrets. De ce fait
elle se créera une infériorité vis-à-vis des nations
restées en dehors d'elle. Enfin, elle admettra tous les
peuples donnant des garanties suffisantes. Garanties
de quelle nature ? Ne nous payons pas de mots, les
seules nations visées sont les nations centrales ;
quelles garanties peuvent-elles nous donner puisqu'elles professent que leur Etat a tous les droits de
violer sa parole si cela est utile, puisqu'elles af-
firment leur mission supérieure et leur droit à
commander le monde en employant tous les moyens
y compris le mensonge qu'elles appellent une habileté, la trahison qu'elles nomment une vertu.

Je retombe toujours sur cette conclusion que la
paix sera impossible tant que durera l'*organisation*
allemande.

Le parti républicain d'Amérique, reculant devant
les conséquences de la sanction militaire obligatoire,
a proposé de s'en tenir à des sanctions économiques.

Cela répond aux préoccupations naturelles des Américains, mais laisse la France en plein danger. Des mesures économiques sont aussi impossibles à imposer à un pays sans son consentement que des mesures militaires, et, comme ces mesures varieraient d'un pays à l'autre, ce système mènerait au sacrifice du pays le plus naïvement honnête. Supposons les mesures économiques adoptées contre l'Allemagne, celle-ci nous sommera de les abandonner par un ultimatum de 24 heures. Si nous refusons, elle nous attaquera, et comme le monde aura décidé de s'en tenir aux mesures économiques, nous serons écrasés avant que l'opinion de nos amis se soit prononcée pour l'intervention militaire et avant que le monde désarmé ait pu venir à notre aide.

Certains ont proposé d'organiser une gendarmerie internationale, une armée de métier qui se tiendrait prête à tout événement et obéirait au représentant de la Société des Nations. Ces hommes bien intentionnés oublient qu'il a fallu l'union de quatre grandes nations usant de tous leurs moyens pour venir à bout des Austro-Allemands après plus de quatre ans de guerre ; comment supposer qu'une armée de métier y réussira seule ? Et comment croire que quand nos soldats de métier auront été écrasés, nous nous désintéresserons de leur sort ? Comment croire que nous les laisserons écraser sous nos yeux ? Imagine-t-on 500.000 Français faisant la guerre sans que le pays soit derrière eux ? Il n'y a pas un gouvernement français qui oserait le proposer. L'Amérique déclare que cette gendarmerie, dont elle estime l'importance à 500.000 hommes en ce qui la concerne, ne pourra être employée qu'après assentiment du Sénat. C'est la négation même de la gendarmerie puisque chaque pays fera ce qu'il jugera utile. Une telle convention serait très inférieure à un traité d'alliance qui, du moins, engage le pays dans des cas bien déterminés, elle n'est qu'une apparence. Est-il, d'ailleurs, désirable de reconstituer les armées de métier avec tous leurs vices, avec l'opposition qu'elle crée entre les militaires et les civils?

Tout cela sera évité, répondent certains apôtres de la *Société des Nations*, si l'Allemagne fait partie de la *Société* parce que nous pourrons ainsi contrôler sans cesse sa conduite ; elle aura promis de se conformer aux règles de la Société, nous pourrons donc réclamer si elle ne tient pas ses promesses. Ces apôtres ont donc oublié l'esprit retors de nos voisins et la naïveté de notre confiance ; ils ont donc oublié aussi l'action de son Internationale et celle de ses espions. Si l'Allemagne *organisée* fait partie de la *Société*, après avoir donné des assurances qui ne lui coûtent guère, elle sera à l'affût du moindre prétexte, intriguera, calomniera jusqu'au jour où elle aura trouvé un tribunal gagné à sa cause par un procédé où un autre, ou bien jusqu'au jour où le monde sera lassé de nous entendre réclamer sans cesse ; elle recommencera un coup comme la dépêche d'Ems ou les avions de Nuremberg qu'elle embrouillera inextricablement, et nous nous réveillerons un jour décon-

certés dans notre quiétude confiante par une condamnation d'un tribunal surpris dans sa bonne foi. Et le
monde entier se lèvera contre nous ou, du moins,
nous laissera écraser sans protester.

Mais, me répond-on, l'Allemagne aura donné des
garanties *effectives* de ses intentions loyales. Ah ! le
bon billet ! Depuis vingt siècles les germains pro-
mettent de ne pas recommencer lorsqu'ils sont
battus, depuis vingt siècles ils recommencent.

Un socialiste français auquel je disais mon sentiment me répondit, il y a peu de temps, « mais
alors vous ne croyez pas à la perfectibilité de l'es-
pèce » ? Non, pas du jour au lendemain après vingt
siècles d'expérience contraire. La conduite des gouvernants de l'Allemagne depuis l'armistice montre
que rien n'est changé de Bethmann-Holweg à
Scheidmann, ou de Guillaume II à Ebert. Le dilemne
est inévitable : Ou l'Allemagne restera hors de la Société et elle intriguera ouvertement, ou elle entrera
dans la Société et elle intriguera sournoisement.

Aucune Société n'est possible qu'entre nations où
la morale sera développée au point que chacun se
sacrifiera au droit du faible dès qu'un plus fort
l'attaquera, et à la condition que les nations liées
par un pacte solide surveilleront sans cesse les
nations qui n'ont pas encore atteint le stade moral.
Ces nations devront faire de lourds sacrifices :
sacrifices de préparation militaire pour être prêtes
à dominer les nations de proie et à les décourager
de leur mentalité pillarde, sacrifices d'intérêts

économiques pour détruire le germe des guerres en n'acculant aucune nation à une impasse.

Nous voulons tous faire œuvre utile, j'en suis certain, mais les habitudes empiriques universelles nous cachent les vrais moyens. Le projet de pacte lu le 15 février 1919 par le Président Wilson à la conférence de Paix s'inspire des mêmes préoccupations que les autres projets plus condensés dont j'ai parlé ; le préambule l'explique nettement :

« En vue de favoriser la collaboration des nations
« et de leur assurer entre elles la paix et la sécu-
« rité par l'engagement de ne pas recourir à la
« guerre, l'établissement de relations ouvertes, justes,
« honorables entre les peuples, l'affirmation expresse
« que les prescriptions du droit international cons-
« tituent la règle de conduite effective des gouver-
« nements, le maintien de la justice et le scrupuleux
« respect des traités dans les rapports réciproques
« des peuples organisés, les puissances signataires du
« présent pacte adoptent cette Constitution de la
« Société des Nations ».

Le pacte expose la création d'une Chambre de délégués, d'un conseil exécutif et d'un secrétariat permanent ; il fixe ensuite la procédure du fonctionnement des uns et des autres. L'admission des divers Etats se fait à la majorité des deux tiers. Seuls pourront être admis les Etats de self-government qui donneront des garanties effectives de leurs intentions loyales et se conformeront aux principes relatifs aux armements militaires et navals.

Les armements seront limités au minimum com-
patible avec les exigences géographiques et les circonstances, les Etats devront se conformer aux indications du Conseil ; la fabrication privée des armes
et munitions sera interdite en tenant compte des circonstances spéciales, leur commerce sera surveillé
par le Conseil.

Une série d'articles expose ensuite que les Etats
contractants garantissent l'intégrité territoriale et
l'indépendance politique de tous les Etats adhérents
et confie au Conseil exécutif le soin d'aviser aux
moyens d'assurer cette obligation. S'il s'élève une
menace de guerre, les nations devront soumettre
leur différend au tribunal d'arbitrage, le Conseil
devra statuer dans les six mois et son rapport sera
publié avec toutes les explications convenables.

Au cas où une nation signataire ne se soumettrait
pas à la procédure fixée, elle sera considérée *ipso
facto* comme ayant commis un acte de guerre contre
ses co-associés, ce qui entraînera la rupture de toutes
relations commerciales ou financières, soit publiques,
soit privées ; le Conseil exécutif fixera l'appui économique et militaire à fournir à la partie menacée.

— Si une nation non signataire menace une nation
signataire, la première sera invitée à se conformer
aux règles de la *Société*, à défaut de quoi elle sera
traitée comme ci-dessus.

Le pacte énonce ensuite la théorie du mandat
colonial et du mandat de guide pour certains peuples
assez avancés pour n'avoir besoin que d'un appui

momentané tels que ceux soustraits à la domination ottomane. Pour ces peuples, le guide sera choisi en enant compte des vœux de la population.

Pour les peuples de l'Afrique centrale et les îles Pacifique, il sera interdit à la nation mandataire de donner aux indigènes une instruction militaire, si ce n'est pour la police ou la défense du territoire ; et cette nation devra assurer aux autres membres de la *Société* l'égalité pour le commerce et les échanges. Suivent des prescriptions humanitaires pour le traitement des indigènes.

Le pacte propose ensuite de grouper sous la direction de la *Société* tous les bureaux internationaux déjà existants ou à créer, afin d'en coordonner l'action ; les stipulations contraires au present pacte seront annulées.

Ce pacte reproduit les dispositions dont j'ai parlé : Il n'y est toujours question que d'empêcher la guerre par une intervention du tribunal ; j'ai montré l'inanité de cette conception. La thèse du mandat colonial comporte deux stipulations nouvelles : à savoir l'interdiction d'instruire militairement les indigènes et le principe de la porte ouverte au commerce de tous les Etats associés. Comme l'interdiction ne concerne en fait que les colonies confiées à la France, cette mesure semble dirigée contre elle ; ce qui peut au moins nous surprendre ; le monde n'a pas eu, que je sache, à se plaindre de ce que la France ait pu appeler à son aide son armée noire, et il est difficile de comprendre une pareille mesure de défiance qui n'atteint que nous. Quant au principe de la porte ouverte, il introduit une cause de désordre permanent dans ces mêmes colonies ; nous sommes seuls avec le Japon à le subir, il consiste à nous dire que nous aurons le droit de dépenser notre argent, mais non celui de recueillir le bénéfice de nos dépenses ; comme ce système, par l'incertitude qui en découle, entravera le développement normal des colonies, tout pays qui voudra nous chercher querelle y trouvera les éléments pour nous traîner devant un tribunal des nations et nous lasser : dans quelques années l'Allemagne y trouvera toutes les raisons pour réclamer le retour des colonies confiées au Japon et à la France.

C'est là une singulière entrée en matière pour un pacte de paix, et la notion de la morale supérieure y tient une bien faible place.

« Les principes, dit M. Wilson, tant qu'ils ne « sont pas mis en pratique, sont de peu de consis- « tance et abstraits, ils sont peu intéressants ». Cette affirmation est absolument conforme à la science politique et l'application qui a été faite des principes confirme le bien fondé de ces réserves.

Je ne mets nullement en doute les bonnes intentions du Président des Etats-Unis, mais en pratique il a perdu de vue les circonstances, le pays en cause et les conséquences inévitables des réalisations qu'il propose. Parti d'une idée généreuse, il a abouti à un acte de défiance contre la nation qui le méritait, le

Cloarec 15

moins et à l'organisation d'une mine qui se char-
gera sans arrêt jusqu'à ce qu'elle éclate. Sans cesse
reparaît cette erreur, due à l'esprit théologique, qui,
après avoir constaté un défaut, proclame un remède
dont l'effet incertain sera souvent contraire au but
poursuivi parce qu'il est le produit d'une idée *a
priori*.

Faire une *Société* ou une *Ligue des nations*, c'est
une idée séduisante tant qu'elle reste dans le vague
parce que chacun y voit ce qu'il veut dans le pays
d'Utopie ; la science politique nous enseigne que
tout dépend de sa réalisation. Nous Français, nous
sommes en face d'un problème déterminé, celui de
la Germanie qui nous a envahis périodiquement depuis la plus haute antiquité, voilà la donnée à résoudre.

Je suis aussi partisan que personne de la recherche
des moyens d'établir entre les peuples des relations
basées sur la justice et la morale ; mais précisément
parce que je veux établir ces relations solidement, je
ne veux pas me payer de mots.

Nous sommes à un point de notre histoire où nous
sommes incapables de résister seuls à une nouvelle
poussée, parce que tous nos sacrifices, tous nos efforts
depuis un siècle et demi nous ont épuisés ; la dernière guerre nous a, de plus, ruinés ; nous avons
donc besoin, et le monde a besoin comme nous,
d'une *Ligue* ou d'une *Société*, le mot importe peu,
qui nous garantisse, mais qui ménage notre fierté
parce que cette fierté est le meilleur élément de notre

résistance. Il ne s'agit pas d'un tribunal dont les décisions sont entachées d'avance par les parti-pris nationaux dont nous constatons la persistance jusque
dans la Conférence qui prétend établir la législation
nouvelle, il s'agit d'une lutte entre deux principes :
Le *Faustrecht* et la Morale. Il n'y a pas de conciliation possible tant que l'*organisation* germanique
subsistera, tant que l'esprit ne se sera pas modifié
dans le monde.

Si les hommes de bonne volonté qui cherchent à
assurer la paix veulent faire une œuvre durable, il
faut qu'ils se placent au point de vue de la science
politique qui est le même ici qu'en politique intérieure.

Ils ont écarté, dès le début, la conception du super
Etat ; celle-ci se heurte, en effet, au sentiment national qui reste une force scientifique et morale essentielle, — les Etats-Unis d'Europe ne seront encore pour plusieurs siècles qu'une noble chimère, —
mais ils n'ont pas envisagé le problème d'une façon
assez concrète : il ne s'agit pas d'une société théorique, il s'agit avant tout de la France et de l'Allemagne, et c'est pourquoi cette question nous intéresse plus que tous les autres.

L'Allemagne reste intacte en face de notre pays
dévasté, elle conserve sa mentalité et s'efforce déjà
de dominer la Russie anarchique, grâce à quoi elle
acquerra deux cent millions de serfs qu'elle lancera
sur la civilisation derrière les quatre vingt millions
d'Allemands de l'Europe centrale. Le Consortium

des banques allemandes disposait en 1914 de plus de
2.000 sièges d'administrateurs de sociétés anonymes
allemandes et d'un nombre aussi considérable de
postes similaires dans les affaires de l'Entente ; c'est
ce consortium qui a fourni les fonds pour l'espionnage commercial et politique, pour la propagande de
désordre chez les adversaires. Si cet espionnage et
cette propagande continuent, qu'importe un tribunal
de paix ; ce n'est pas un tribunal qui empêchera les
crimes de se renouveler, c'est la moralisation générale ; ce n'est pas une gendarmerie faible et com-
mandée par un aréopage qui viendra à bout d'une
troupe sans scrupules bien disciplinée.

Il faut détruire ce foyer d'agitation et, pour cela,
la Société des Nations doit instituer le contrôle sur
les finances de l'Allemagne, contrôle justifié par les
créances que cette Société possède. Voilà un moyen
efficace parce qu'il vise directement le but à atteindre
qui est la suppression de toutes les formes de *dumping*.

Parmi tous les discours prononcés depuis l'armistice, je n'en ai vu qu'un qui effleure cette question,
c'est celui de la Couronne britannique en 1919 :
« Nous vous soumettrons, dit le roi Georges au Par-
« lement, des mesures pour prévenir la concurrence
« déloyale résultant de la vente de marchandises im-
« portées à des prix inférieurs à leurs prix de vente
« dans le pays d'origine ». Ce n'est qu'une indication et elle est bien limitée ; le problème doit être
élargi, il n'y aura pas de paix sur terre tant que la

morale n'aura pas corrigé la brutalité de la loi naturelle de la concurrence. Il ne s'agit pas de supprimer cette loi naturelle, mais d'en adoucir les effets comme j'ai cherché à en exposer les moyens en parlant du capital et du travail.

Si la *Société des Nations* veut être une réalité, il faut qu'à l'heure présente où elle est maîtresse de la situation elle répare et elle rende justice en s'inspirant d'idées morales.

La France a perdu 1.700.000 de ses enfants, un nombre égal est déprimé, blessé, anémié, ses riches départements sont pillés et dévastés ; elle a laissé la mer à ses alliés afin de concentrer ses efforts sur la fabrication du matériel de guerre qu'elle a fourni à tous, elle leur a payé de ce fait près de 15 milliards de fret. Les pertes totales en argent causées par la guerre sont évaluées à 1.200 milliards dont 350 au moins pour la France ; avec les répercussions, l'arrêt de l'industrie, le chômage, c'est plus de 500 milliards que la France doit reconstituer.

Nos alliés ont vaillamment combattu à nos côtés, leurs jeunes gens se sont sacrifiés comme les nôtres et cette collaboration a développé chez tous un sentiment de profonde affection réciproque, mais arrivé au terme de la lutte, aucun pays n'a souffert comme le nôtre, en aucun pays la perte en hommes n'a été aussi forte, surtout relativement à la population ; aucun pays non plus n'a supporté une perte de richesse comparable, une diminution maritime du même ordre.

Le premier geste de la *Société* naissante devrait donc être un acte moral parce qu'il serait seul efficace ; il devrait consister dans la mise en balance de tous les efforts et dans la réparation commune de tous les dommages subis. On ne nous rendra pas nos morts, mais on peut aider les enfants à naître, on ne peut pas tout partager, mais on peut répartir les charges qui restent. Les peuples marchanderont-ils leur or plus qu'ils n'ont marchandé leur sang ? Nos alliés peuvent-ils admettre qu'ils profiteront de ce qu'ils sont moins éprouvés pour dépouiller les peuples sacrifiés de leur commerce, de leur industrie ? La *Société des Nations* pourrait-elle se fonder sur une telle iniquité ? Non, son devoir est de totaliser les pertes, d'exiger de l'Allemagne le maximum de réparations, afin que le châtiment lui fasse comprendre que la morale qu'elle nie réussit cependant à faire punir les coupables ; cela seul peut la détourner du *Faustrecht* en lui prouvant qu'il ne *paie* plus.

Quand l'Allemagne aura réparé dans toute la limite que fixera seul notre intérêt de créancier et sous la surveillance financière dont j'ai déjà parlé, surveillance établie de manière que les Allemands hors d'Allemagne participent au paiement, les alliés chiffreront ce qui reste nécessaire pour que les peuples victimes soient rétablis dans leur industrie, leur commerce, leur marine. Si la restauration n'est pas faite, la *Société des Nations* ne sera qu'un leurre.

La France a emprunté pendant la guerre

54 milliards, qui lui en ont coûté 72 à cause des frais, ce qui fait ressortir le taux de ses emprunts à 9 0/0 environ ; il n'est pas possible qu'elle continue ainsi sans courir à la faillite. Or, une faillite, même partielle, aboutirait à une révolution sociale par suite de la diffusion actuelle de la rente dans tous les milieux ; la révolution sociale en France déborderait sur tous les pays voisins. Ce serait la perte de toute la civilisation et le recul vers la barbarie primitive ; tout le travail des siècles vers la morale serait à recommencer.

Si la *Société des Nations* veut être réelle, elle doit parer d'abord à ce danger ; en le faisant, elle réaliserait une œuvre, non seulement de sauvegarde personnelle, mais encore de haute moralité, d'une incalculable portée par la leçon qu'elle inculquerait aux peuples.

La Solution pratique consisterait à couvrir le déficit par un vaste emprunt interallié posant même comme condition aux neutres d'en prendre leur part pour entrer dans la *Société* nouvelle. Les arrérages de cet emprunt pourraient être payés par une taxe frappant toutes les matières premières lors de leur extraction ; le monde entier, y compris les neutres paierait ainsi cette dette mondiale.

Après les réparations, la *Société des Nations* doit assurer les garanties. Or ces garanties ne sont pas du domaine abstrait ; elles visent directement les peuples susceptibles de troubler la paix. J'ai déjà montré comment on pourrait se mettre en garde contre la genèse de la guerre ; nous ne saurions trop enseigner aux peuples combien ils furent naïfs en s'associant au travail germanique, mais il faut encore que les peuples moraux soient en état de faire face aux surprises. La *Société des Nations* a mieux à faire que de désarmer la France qui est sa sauvegarde, elle doit, au contraire, développer les Puissances capables de tenir en bride les perturbateurs qui sont bien connus : les Allemands, les Hongrois, les Bulgares. Ces puissances, c'est d'abord la France, puis ce sont la Pologne, la Tchéco-Slovaquie, la Yougo-Slavie; ces puissances doivent être en mesure de repousser les agressions sans attendre la décision d'une justice, boiteuse comme toutes les justices.

Nous ne pouvons d'ailleurs admettre d'être des sortes de protégés, incapables de nous défendre nous-mêmes et obligés d'appeler l'Angleterre et l'Amérique à notre secours, quitte à nous voir de nouveau ruinés et pillés et à nous trouver encore finalement en face de nos usines à réédifier et de nos morts à pleurer.

En ce qui nous concerne, nous Français, nous devons réduire notre service militaire au minimum afin de faire face aux énormes tâches qui nous incombent, — ce minimum paraît pouvoir être de 18 mois afin que les classes chevauchent l'une sur l'autre — mais nous devons inculquer à toute notre jeunesse l'idée qu'elle pourra avoir un jour sa liberté à défendre. Pour corriger la faiblesse due à la courte durée du service, nous devrons organiser des sociétés de tir, de sports, obligatoires au besoin.

Nous devons, d'ailleurs, souhaiter que tous nos alliés, ou tout au moins les nations qui sont aux avant-postes, s'organisent de même. Loin de pousser à la guerre, le service militaire universel est une garantie de paix, chaque citoyen se sentant un soldat possible ; j'estime qu'il est, de plus, un merveilleux instrument d'enseignement démocratique : le passage sous l'uniforme a une haute portée éducative, il resserre les sentiments d'égalité et de fraternité, à la condition, bien entendu, de ne pas trop se prolonger.

L'intérêt du monde c'est de laisser la France forte, car aucune nation n'a autant fait pour l'idéal désintéressé ; il est dans sa nature celtique de continuer ce rôle, elle ne peut le tenir que si elle maîtrise la menace de la barbarie.

L'Europe a commis une grande faute en 1815 en ouvrant nos frontières à l'invasion, elle a eu comme excuse l'ambition de Napoléon ; cette faute pèse lourdement sur le monde. Il faut à la France une frontière solide, et il faut repousser les Germains au delà du Rhin, mais le pays Rhénan est devenu allemand et nous ne voulons pas d'Allemands dans notre communauté ; de là la solution de la neutralisation de la zone rhénane et de l'occupation temporaire des places fortes du Rhin. Souhaitons que cela suffise pour assurer la paix et pour amener l'Allemagne à nous donner ces garanties effectives de sa renonciation à son orgueil pangermaniste qui permettront son entrée dans la Société des Nations, mais ne nous leurrons pas d'un fol espoir et tenons-nous sur nos gardes.

CONCLUSION

A mesure que j'ai, avancé dans mon exposé vers les questions d'actualité, les solutions que j'ai proposées sont devenues moins affirmatives parce que les éléments d'appréciation, l'art y ont tenu une place de plus en plus grande. J'ai voulu, d'autre part, éviter tout ce qui aurait fait intervenir trop directement ma personnalité, mais je n'ai pu écarter complètement cette intervention sous peine de rester dans le vague ; entre ces deux écueils le lecteur verra, je pense, la route que j'ai voulu tracer. J'ai indiqué une méthode plus que je n'ai précisé des solutions ; c'est qu'en effet la science politique n'est pas une science mathématique, j'en ai longuement expliqué les raisons. Puisque cette science, à côté de principes universels, est dans son application éminemment nationale, ce qui veut dire qu'elle varie suivant les pays, leur histoire et leur tradition, cherchons notre voie en nous-mêmes et non dans les rêves de la brutale Germanie.

« Hommes de réflexion et d'étude, dit Michelet,
« nous avons un devoir saint et sacré envers le
« peuple, c'est de laisser là nos tristes paradoxes, nos
« jeux d'esprit qui n'ont pas peu aidé les politiques
« à lui cacher la France, à lui en obscurcir l'idée, à
« lui faire mépriser sa patrie. Isolez ce peuple de son
« idée sociale il redevient très faible. Le jour où se
« souvenant qu'elle fut et doit être le salut du genre
« humain, la France s'entourera de ses enfants et
« leur enseignera la France comme foi, comme reli-
« gion, elle se retrouvera vivante et solide comme le
« globe ».

Notre idéal n'est pas, comme celui des pangermains,
un idéal d'asservissement pour les autres, mais, au
contraire, un idéal de liberté et de justice. Nous ne
pouvons en poursuivre la réalisation sans souffrance
et sans effort, mais les Français comprennent aisément leur rôle quand on ne l'obscurcit pas systématiquement parce qu'il est celui de leur race depuis
trente mille ans, depuis que le dieu Ram combattit
le dieu Thor. Nous ne pouvons l'atteindre que par
le sérieux, le travail, le respect de nous même et des
autres, le dévouement à la chose publique, la conscience professionnelle, tout ce que résument les mots
de « morale » et de « science ».

TABLE DES MATIÈRES

Pages

LIBRAIRIE FÉLIX ALCAN

ANDRÉ (L.), professeur au Lycée Louis-le-Grand. — **Les Etats chrétiens des Balkans.** *Histoire politique intérieure.* 1 vol. in-16. . . . . 4 fr. 55

AUERBACH (B.), professeur à l'Université de Nancy. — **Les races et les nationalités en Autriche-Hongrie.** 1 vol. in-16, 2e édition revue. Avec une carte en couleur hors texte . . . . 11 fr. »»

AULNEAU (J.). — **La Turquie et la guerre.** Préface de M. Stephen Pichon, ministre des Affaires étrangères. 2e édition. 1 vol. in-16, *Récompensé par l'Institut.* 4 fr. 55

L'avenir de la France, *réformes nécessaires,* par MM. Herbette. Lieut.-col. E. Mayer. Cap. de frégate Sauvaire-Jourdan-Alphand. H. Leyret. J. Imbart de la Tour. G. Martin. E. Charrier. F.-L. Malepeyre. G. Belot. Hébrard de Villeneuve. M. Dewavrin. F. Nonailhac Pioch. G. Breton. F. Pila. C. Cavallier. A. Keufer. Ch. Gide. H. Sagnier. P. Fournier. A. Landry. C. Mauclair. A. Berget. R. de Caix. Avant-propos par Maurice Herbett. 1 vol. in-8 . . . . 11 fr.

COSENTINI (F.), prof. à l'Université de Turin. — **Préliminaires à la Société des Nations.** Préface de M. Yves-Guyot. 1 vol. in-16 . . . . 4 fr. 55

DRIAULT (E.), agrégé d'histoire. — **La question d'Orient depuis ses origines jusqu'à nos jours (1917).** 7e éd. Préface de G. Monod, de l'Institut. 1 vol. in-8. 7 fr. 70

— **L'unité française.** Préface de M. H. Welschinger, de l'Institut. 1 vol. in-16. . . . . 4 fr. 55

— **Les traditions politiques de la France et les conditions de la paix.** 1 vol. in-16. . . . . . 4 fr. 55

HAUSER (Henri), professeur à la Sorbonne. — **Le principe des nationalités.** 1 broch. in-8 . . . . . . 0 fr. 70

LANESSAN (J.-L. de), ancien ministre. — **Histoire de l'Entente cordiale franco-anglaise.** *Les relations de la France et de l'Angleterre depuis le XVIe siècle jusqu'à nos jours.* 1 vol. in-16 . . . . 4 fr. 55

LEVY-BRUHL (L.), de l'Institut, professeur à la Sorbonne. — **La conflagration européenne.** *Les causes économiques et politiques.* 1 brochure in-8 . . . . . . 0 fr. 70

PAUL LOUIS. — **L'Europe nouvelle.** 1 brochure in-8 . . . . 1 fr. 40

— **La guerre d'Orient et la crise européenne.** 1 broch. in-8 . . . . 1 fr. 40

PAUL LOUIS. — **Les crises intérieures de l'Allemagne pendant la guerre.** 1 broch. in-8 . . . . . . 1 fr. 40

— **Trois péripéties de la guerre mondiale.** 1 vol. in-8 . . . . 1 fr. 40

RONZE. — **La question d'Afrique.** Préface d'Ed. Driault. 1 vol. in 8 . . . . 7 fr. 70

SOCIÉTÉ DE GÉOGRAPHIE (Conférences de la). — **Les appétits allemands.**
I. — *Les ambitions de l'Allemagne en Europe.* Préf. de M. Paul Deschanel, de l'Acad. française. 1 vol. in-16   4 fr. 55
II. — *Les rêves d'hégémonie mondiale.* 1918. 1 volume in-16. . . . . 4 fr. 55

STEIN (H.), conservateur aux Archives nationales. — Notre frontière de l'Est. *La France et l'Allemagne à travers l'Histoire et les origines du Pangermanisme.* 1 brochure in-8 . . . . 1 fr. 40

TREGUIZ — **L'Irlande dans la crise universelle** (*3 août 1914-24 juillet 1917*) 1 vol. in 8 . . 6 fr. 60

YVES-GUYOT. — **Les causes et les conséquences de la guerre.** 1 vol. in-8. 2e édition . . . . . 4 fr 55

— **Les garanties de la paix.** 2 vol. in-16. 9 fr. On vend séparément
Première Partie : *Les leçons du passé.* 1 vol. in-16. 4 fr. 55
Deuxième Partie : *Examen critique.* 1 vol. in-16.   4 fr. 55

Revue des Sciences Politiques. 34e année, 1919. — Paraît tous les deux mois. Rédacteur en chef : M. Escoffier, professeur à l'Ecole des sciences politiques. *Abonnement* (du 1er janvier). Un an : Paris, 18 fr. ; Départements et Etranger, 19 fr. La livraison . . . . . 3 fr. 50

Revue du Mois (La). *Directeur :* Emile Borel, sous-directeur de l'Ecole normale supérieure, professeur à la Sorbonne. Paraît le 10 de chaque mois. 14e année, 1919. *Abonnement* (du 1er de chaque mois) : Un an : Paris, 20 fr. ; — Départements, 22 fr. ; — Etranger, 25 fr. — Six mois, 10 fr. — Départ, 11 fr. — Etr. 12 fr. 50. — La livraison.   2 fr. 25

Bulletin de la Statistique générale de la France, paraissant tous les trois mois par fascicules grand in 8 de 112 pages chacun. (7e année, 1919-1920). *Abonnement* (du 1er octobre) : un an : France et étranger 24 fr. La livraison . . . . 6 fr. »»